ROME
EN QUELQUES JOURS

Duncan Garwood, Nicola Williams

Dans ce guide

L'essentiel
Pour aller droit au but et découvrir la ville en un clin d'œil

Les basiques
À savoir avant de partir

Les quartiers
Se repérer

Explorer Rome
Sites et adresses quartier par quartier

Les incontournables
Pour tirer le meilleur parti de votre visite

100% romain
Vivre comme un habitant

Rome selon ses envies
Les meilleures choses à voir, à faire, à tester...

Les plus belles balades
Découvrir la ville à pied

Envie de...
Le meilleur de Rome

Carnet pratique
Trucs et astuces pour réussir votre séjour

Hébergement
Une selection d'hôtels

Transports et infos pratiques

Notre sélection de lieux et d'adresses

◉ **Voir**

✖ **Se restaurer**

🍷 **Prendre un verre**

★ **Sortir**

🔒 **Shopping**

Légende des symboles

- ☏ Numéro de téléphone
- ⓗ Horaires d'ouverture
- Ⓟ Parking
- Non-fumeurs
- @ Accès Internet
- 📶 Wi-Fi
- Végétarien
- Menu en anglais
- Familles bienvenues
- Animaux acceptés
- Bus
- Ferry
- M Metromover
- S Métro
- Tram
- Train

Retrouvez facilement chaque adresse sur les plans de quartiers

Chiesa di Santa Maria Antiqua

4 ◉ Plan p. 30, B3

Plus ancien et plus impo[rtant]
monument chrétien du [Forum]
romain, cette église cons[erve un]
témoignage unique sur l['art]
rt chrétien. L'intéri[eur]
nombre et réc[emment]
rès 30 ans de [travaux]
rveilleuses f[resques]
ècle. Parmi [ces]
e fresque (su[r]

Rome
en quelques jours

Les guides En quelques jours édités par Lonely Planet sont conçus pour vous amener au cœur d'une ville.

Vous y trouverez tous les sites à ne pas manquer, ainsi que des conseils pour profiter de chacune de vos visites. Nous avons divisé la ville en quartiers, accompagnés de plans clairs pour un repérage facile. Nos auteurs expérimentés ont déniché les meilleures adresses dans chaque ville : restaurants, boutiques, bars et clubs… Et pour aller plus loin, découvrez les endroits les plus insolites et authentiques de la métropole italienne dans les pages "100% romain".

Ce guide contient également tous les conseils pratiques pour éviter les casse-tête : itinéraires pour visites courtes, moyens de transport, montant des pourboires, etc.

Grâce à toutes ces infos, soyez sûr de passer un séjour mémorable.

Notre engagement

Les auteurs Lonely Planet visitent en personne, pour chaque édition, les lieux dont ils s'appliquent à faire un compte-rendu précis. Ils ne bénéficient en aucun cas de rétribution ou de réduction de prix en échange de leurs commentaires.

L'essentiel — 7

- Les incontournables 8
- Vivre comme un habitant ... 12
- Rome en 4 jours 14
- Les basiques 16
- Carte des quartiers 18

Explorer Rome — 21

- **22** La Rome antique
- **36** Centre historique
- **54** Tridente
- **66** Trevi et Quirinal
- **80** Monti et Esquilin
- **96** San Giovanni et Celio
- **108** Aventin et Testaccio
- **116** Trastevere et Janicule
- **130** Cité du Vatican et Prati

Vaut le détour :

- San Lorenzo et Il Pigneto 78
- La Via Appia Antica 92
- Ostiense et San Paolo 106
- La Villa Borghèse 146

Rome selon ses envies 151

Les plus belles balades

Sur les traces de l'empereur **152**
Les places romaines **154**

Envie de...

Histoire **156**
Gastronomie **158**
Rome gratuit **160**
Bars et vie nocturne **161**
Architecture **162**
Art et musées **164**
Shopping **166**
Culture **168**
Rome avec des enfants **170**
Circuits **171**
Scène gay et lesbienne **172**

Carnet pratique 173

Avant de partir **174**
Arriver à Rome **176**
Comment circuler **178**
Infos pratiques **180**
Langue **184**

L'essentiel

Les incontournables **8**

Vivre comme un habitant **12**

Rome en 4 jours **14**

Les basiques **16**

Carte des quartiers **18**

Bienvenue à Rome

Vestiges antiques puissamment romantiques, chefs-d'œuvre Renaissance ou merveilles baroques et, partout, des jardins, des fontaines, des cafés et une vie bourdonnante d'animation : l'antique *caput mundi* (capitale du monde) conjugue les plaisirs de la culture avec ceux de la *dolce vita*. Une alliance qui en fait l'une des villes les plus fascinantes au monde. Une seule visite, et vous serez à jamais sous le charme.

Fontana dei Quattro Fiumi (p. 44), Piazza Navona
BELENOS/SHUTTERSTOCK ©

Rome
Les incontournables

Colisée (p. 24)
L'impressionnant amphithéâtre antique emblématique de Rome.

Villa Borghèse (p 146)
De superbes sculptures et des chefs-d'œuvre de la Renaissance.

Les incontournables 9

Panthéon (p. 38)
Le triomphe de l'architecture antique.

Musées du Vatican (p. 132)
De sublimes œuvres d'art à commencer par les fresques de la chapelle Sixtine.

Basilique Saint-Pierre (p. 136)

La grandiose basilique du Vatican.

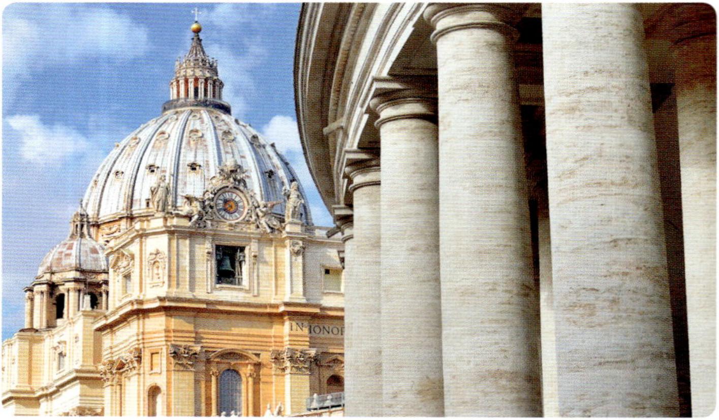

VALERY ROKHIN/SHUTTERSTOCK ©

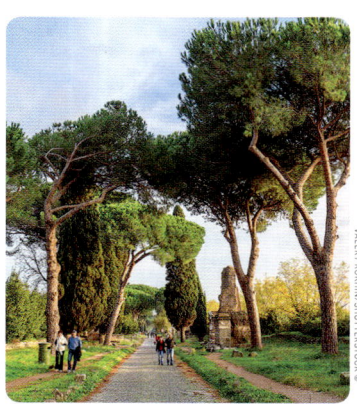

Via Appia Antica (p. 92)

L'une des plus anciennes routes au monde.

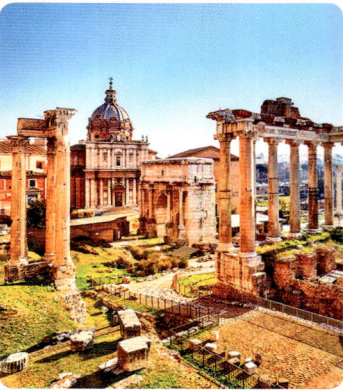

Forum romain (p. 26)

Le cœur de la Rome antique.

Les incontournables

Fontaine de Trevi (p. 68)
La plus célèbre fontaine de Rome.

Basilique Saint-Jean-de-Latran (p. 98)
Monumentale basilique papale.

Escaliers de la Trinité-des-Monts et Piazza di Spagna (p. 56)
De majestueux escaliers offrant un superbe point de vue sur la place.

100 % romain
Vivre comme un habitant

Conseils d'initiés pour découvrir la vraie Rome

Il est facile de se laisser aveugler par la beauté de Rome. Mais derrière ce fastueux décor, on découvre une autre facette de la ville. Nous vous présentons ici ses lieux alternatifs, ses bars bohèmes, ses clubs branchés et ses quartiers moins connus.

Une journée dans le centre historique (p. 40)
▶ ☑ Beauté des monuments ☑ Shopping et bière artisanale

San Lorenzo et Il Pigneto (p. 78)
▶ ☑ Basilique et cimetière ☑ Chocolat et bar à vins.

Vivre comme un habitant 13

Ostiense et San Paolo (p. 106)
▶ ☑ Street art et sculptures antiques ☑ Clubs ultracool

Autres lieux pour vivre la Rome des Romains :

Jogging (p. 33)

Le ghetto juif (p. 47)

Campo de' Fiori (p. 51)

Via Margutta (p. 61)

Via dei Condotti (p. 64)

Un caffè (p. 74)

Pasticceria Regoli (p. 90)

Nuovo Mercato di Testaccio (p. 113)

Fior di Luna (p. 125)

Grattachecca (p. 126)

Une soirée dans le Trastevere et le Janicule (p. 120)
☑ Aperitivo ☑ Blues en sous-sol

Rome en 4 jours

1er jour

☀ Commencez la journée par le **Colisée** (p. 24), la gigantesque arène romaine – venez tôt pour éviter les files d'attente. Puis grimpez sur le **Palatin** (p. 31) pour jeter un coup d'œil sur les ruines et contempler la vue alentour. Redescendez sur le **Forum romain** (p. 26), aux vestiges très évocateurs de temples, de colonnes et de basiliques.

☀ Après un déjeuner rapide, rejoignez la **Piazza del Campidoglio** (p. 32) et les **musées du Capitole** (p. 32), où vous pourrez admirer de superbes statues antiques. Appréciez la vue depuis le **Vittoriano** (p. 33) puis descendez jusqu'au *Centro Storico* (centre historique) pour explorer le labyrinthe de ses rues médiévales en passant par le **Panthéon** (p. 38) et la **Piazza Navona** (p. 44).

☽ Après dîner, goûtez un peu à la *dolce vita* dans un bar de quartier. Selon vos goûts, vous pourrez siroter un verre au milieu de la clientèle élégante d'**Etablì** (p. 50) près de la Piazza Navona, bavarder autour d'un café au **Caffè Sant'Eustachio** (p. 49) ou prendre un cocktail au **Gin Corner** (p. 50).

2e jour

☀ Direction le Vatican, en commençant par ses immenses **musées** (p. 132). Après avoir fait le plein d'œuvres grandioses, notamment dans la chapelle Sixtine, poursuivez la visite par la **basilique Saint-Pierre** (p. 136). Si vous en avez l'énergie, vous pourrez visiter la **coupole** de Michel-Ange pour les fantastiques vues qu'elle offre sur la **place Saint-Pierre** (p. 142).

☀ Prenez le métro pour la **Piazza di Spagna** (p. 56), de l'autre côté du fleuve, d'où vous pourrez préparer la fin de votre journée depuis l'**escalier de la Trinité-des-Monts**, avant de rejoindre la **fontaine de Trevi** (p. 68), où la tradition veut que vous jetiez une pièce pour être sûr de revenir un jour à Rome. Grimpez ensuite au sommet de la colline pour admirer la **Piazza del Quirinale** (p. 73) et son palais présidentiel.

☽ Passez la soirée dans le quartier animé autour du **Campo de' Fiori** (p. 51). À vous de choisir : le **Barnum Cafe** (p. 49) réputé pour ses cocktails et sa musique douce ou l'**Open Baladin** (p. 41) pour son ambiance chaleureuse et ses bières artisanales.

Rome en 4 jours

Votre temps vous est compté ?
Nous avons concocté pour vous des itinéraires détaillés qui vous permettront d'optimiser le peu de temps dont vous disposez.

3ᵉ jour

 Commencez la journée par la visite du **Museo e Galleria Borghese** (p. 147) – n'oubliez pas de réserver – qui abrite de merveilleuses sculptures baroques. Puis, après une promenade dans les jardins de la **Villa Borghèse** (p. 147), passez à l'art moderne à la **Galleria Nazionale** (p. 148).

Dans l'après-midi, vous pourrez goûter à la vie culturelle romaine à l'**Auditorium Parco della Musica** (p. 148), avant de revenir vers la **Piazza del Popolo** (p. 59). Donnant sur la place, la **Basilica di Santa Maria del Popolo** (p. 59) abrite de très belles œuvres d'art. S'il vous reste un peu de temps, allez jeter un œil aux boutiques de luxe et ateliers de créateurs qui bordent les rues entourant la très chic Via del Corso.

 De l'autre côté du Tibre, le Trastevere est un quartier très vivant le soir, où Romains et touristes affluent dans ses bars et restaurants. Pour vous mettre dans l'ambiance, commencez par un verre de vin toscan et des en-cas régionaux à **La Prosciutteria** (p. 125) avant d'aborder les choses sérieuses au **Pimm's Good** (p. 126).

4ᵉ jour

 Il est temps de vous aventurer sur la **Via Appia Antica** (p. 93) pour le plaisir de la balade mais surtout pour explorer ses catacombes délicieusement macabres.

L'après-midi, dirigez-vous vers le nord jusqu'à la Stazione Termini et au **Museo Nazionale Romano : Palazzo Massimo alle Terme** (p. 82) voisin, magnifique musée rassemblant quantité de sculptures classiques et de sublimes fresques et mosaïques. Faites un tour à la monumentale **basilique Sainte-Marie-Majeure** (p. 85), célèbre pour ses mosaïques, et à la **basilique Saint-Pierre-aux-Liens** (p. 86), qui abrite le *Moïse* de Michel-Ange. Pour finir, allez explorer les boutiques branchées du charmant quartier des Monti.

 Terminez la soirée aux Monti, où l'animation bat son plein jusque tard dans la nuit. Vous aurez le choix entre les nombreux bars à vins et cafés, dont **La Bottega del Caffè** (p. 90) toujours très animée.

Les basiques

Reportez-vous au Carnet pratique (p. 173) pour plus d'informations.

Langue
Italien

Formalités
Pour les citoyens de l'UE, une carte d'identité suffit. Pour les ressortissants canadiens et suisses, un passeport en cours de validité est suffisant pour un séjour touristique d'une durée inférieure à 90 jours.

Argent
La monnaie est l'euro (€). On trouve partout des distributeurs automatiques. Certains petits commerces et trattorias n'acceptent pas les règlements par carte de crédit.

Téléphones portables
Pour les voyageurs européens, leur forfait fonctionne à Rome comme dans leur pays d'origine, sans surcoût. Les autres voyageurs doivent se renseigner sur les frais d'itinérance.

Heure locale
GMT + 1 heure, 2 heures en été

Prises et adaptateurs
Prises à 2 ou 3 fiches rondes ; électricité 220 V à 230 V

Pourboires
Les Romains ne donnent pas beaucoup de pourboires, mais arrondissez à l'euro supérieur dans les taxis. Au restaurant, le service *(servizio)* est inclus dans la note.

❶ Avant de partir

Budget quotidien

Moins de 110 €
- Lit en dortoir 20-35 €
- Chambre double dans un hôtel petit-budget : 60-130 €
- Pizza et bière 15 €

De 110 € à 250 €
- Chambre double dans un hôtel 110-200 €
- Repas dans un restaurant 25-45 €
- Entrées aux musées : 5-16 €

Plus de 250 €
- Chambre double dans un 4-5 étoiles 200-450 €
- Dîner dans un grand restaurant 45-150 €
- Place d'opéra : 17-150 €
- Trajet en taxi 10-15 €

Sites Web

- **Turismo Roma** (www.turismoroma.it). Site de l'office du tourisme officiel de Rome.
- **060608** (www.060608.it). Visites, transports, manifestations.
- **Lonely Planet** (www.lonelyplanet.fr/destinations/europe/italie/rome). Infos sur la destination, réservation d'hôtels, etc.

À prévoir

Deux mois à l'avance Retenez l'hébergement en haute saison.

Une ou deux semaines avant Occupez-vous des places pour l'audience papale et pour visiter le palais Farnèse.

Quelques jours avant Réservez vos billets d'entrée au Museo e Galleria Borghese (obligatoire), aux musées du Vatican et au Colisée (conseillé).

Les basiques 17

② Arriver à Rome

Rome compte deux aéroports : l'aéroport Leonardo da Vinci plus connu sous le nom de Fiumicino et l'aéroport de Ciampino, plaque tournante de la compagnie aérienne européenne à bas coût, Ryanair. La principale gare ferroviaire, Stazione Termini, située dans le centre-ville, dessert de nombreuses villes d'Europe ainsi que l'Italie.

✈ Depuis l'aéroport Leonardo da Vinci (Fiumicino)
▶ Train Leonardo Express vers Stazione Termini, 6h23 à 23h23, 14 € ;
▶ trains FL1, plus lents, vers les stations Trastevere, Ostiense et Tiburtina, 5h57 et 22h42, 8 € ;
▶ bus vers la Stazione Termini, 6h05 à minuit et demi, 6 € ;
▶ navette privée à partir de 22 €/personne ;
▶ taxis 48 € (tarif fixe pour la partie de la ville située dans l'enceinte d'Aurélien).

✈ Depuis l'aéroport de Ciampino
▶ Bus vers Stazione Termini, 4h à 23h15, 5 € ;
▶ navette privée 25 €/personne ;
▶ taxis 30 € (tarif fixe pour la partie de la ville incluse dans l'enceinte d'Aurélien).

🚌 Depuis la Stazione Termini
Les bus et trains de l'aéroport, ainsi que les trains internationaux, arrivent à la Stazione Termini. Depuis cette gare, continuez par bus, métro ou taxi.

③ Comment circuler

Les transports en commun comprennent notamment des bus, des tramways, le métro et un réseau de trains de banlieue. Les billets, disponibles sous plusieurs formes, sont valables sur tous ces types de transport. Les enfants de moins de 10 ans voyagent gratuitement.

Ⓜ Métro
Le métro est plus rapide que les transports de surface, mais son réseau reste limité. Les deux lignes principales A (orange) et B (bleue) se croisent à la Stazione Termini. Les rames circulent de 5h30 à 23h30 (jusqu'à 1h30 le vendredi et le samedi).

🚌 Bus
La plupart des lignes de bus passent par la Stazione Termini. Les bus circulent de 5h30 à minuit environ ; au-delà, un service restreint de bus de nuit prend le relais.

🚶 À pied
L'agglomération romaine ne cesse de s'étendre, mais le centre historique de Rome est relativement compact. Vu les distances assez courtes, la marche à pied reste souvent le meilleur moyen de circuler.

Rome
Les quartiers

Tridente (p. 54)
Boutiques de créateurs et bars chics donnent le ton dans ce quartier élégant qui s'articule autour de deux places magnifiques.

◉ **Les incontournables**

Escalier de la Trinité-des-Monts et Piazza di Spagna

Cité du Vatican et Prati (p. 130)
Rassasiez-vous des chefs-d'œuvre du monumental Vatican, puis d'une excellente cuisine à Prati

◉ **Les incontournables**

Basilique Saint-Pierre

Musées du Vatican

Centre historique (p. 36)
C'est le pouls de la capitale, avec son dédale de places célèbres et de ruelles, galeries, restaurants et bars enchevêtrés.

◉ **Les incontournables**

Panthéon

Trastevere et Janicule (p. 116)
Les rues médiévales du Trastevere regorgent de bars et restaurants animés. Quant au Janicule, il offre une vue superbe.

◉ **Les incontournables**

Basilica di Santa Maria in Trastevere

La Rome antique (p. 22)
Histoire antique et légendes hantent ces ruines emblématiques. Un cadre stupéfiant planté de pins élancés.

◉ **Les incontournables**

Colisée

Forum romain

Villa Borghèse

Musées du Vatican ◉

Escalier de la Trinité-des-Monts et Piazza di Spagna

◉ *Basilique Saint-Pierre*

Fontaine de Trevi ◉

Panthéon ◉

Basilica di Santa Maria in Trastevere ◉

Forum romain

Les quartiers

Trevi et Quirinal (p. 66)
Ce quartier animé abrite la fontaine la plus célèbre de Rome, le palais présidentiel et plusieurs excellentes galeries d'art.

◎ Les incontournables
Fontaine de Trevi

Monti et Esquilin (p. 80)
Monti ne manque pas de magasins et de bars à vins, et l'Esquilin, multiculturel, est doté de plusieurs églises et musées incontournables.

◎ Les incontournables
Museo Nazionale Romano : Palazzo Massimo alle Terme

San Giovanni et Celio (p. 96)
Explorez des églises médiévales et échappez aux touristes dans le secteur arboré du Celio et le quartier résidentiel de San Giovanni.

◎ Les incontournables
Basilique Saint-Jean-de-Latran

Aventin et Testaccio (p. 108)
Idéale pour une escapade romantique, la colline de l'Aventin s'élève au-dessus du Testaccio, célèbre pour sa vie nocturne trépidante.

Vaut le détour

◎ Les incontournables
Via Appia Antica
Villa Borghèse

Museo Nazionale Romano : Palazzo Massimo alle Terme

◎ *Colisée*

Basilique Saint-Jean-de-Latran

Via Appia Antica

Explorer
Rome

La Rome antique	22
Centre historique	36
Tridente	54
Trevi et Quirinal	66
Monti et Esquilin	80
San Giovanni et Celio	96
Aventin et Testaccio	108
Trastevere et Janicule	116
Cité du Vatican et Prati	130

Vaut le détour
San Lorenzo et Il Pigneto	78
La Via Appia Antica	92
Ostiense et San Paolo	106
La Villa Borghèse	146

L'Arco di Costantino depuis le Colisée (p. 24)
RPBAIAO/SHUTTERSTOCK ©

La Rome antique

Explorer

La Rome antique

Si toute la ville est d'une incroyable beauté, son cœur antique se distingue par sa formidable concentration de sites grandioses, emblématiques du passé : le Colisée, le Palatin, les forums et le Capitole, colline historique où se dressent les musées du Capitole. Touristique en journée, le quartier est calme le soir, avec peu d'endroits animés la nuit.

L'essentiel en un jour

☀️ Commencez tôt par le **Colisée** (p. 24), l'arène où s'affrontaient les gladiateurs. Le billet pour le Colisée couvrant aussi l'accès au Palatin et au forum romain, continuez par la visite du **Palatin** (p. 31). Explorez cette colline, où Romulus aurait fondé la ville, sans manquer les **Orti Farnesiani** (jardins Farnèse p. 31) d'où l'on a une vue magnifique sur le **Forum romain** (p. 26), votre prochaine étape.

☀️ Visitez ensuite les **musées du Capitole** (p. 32) pour leur merveilleuse collection de sculptures antiques. Auparavant, prenez un *panino* au **Terrazza Caffarelli** (p. 34), le café du musée. Traversez la **Piazza del Campidoglio** (p. 32) pour rejoindre la **Chiesa di Santa Maria Antiqua** (p. 32), le plus ancien monument chrétien du forum. Faites une pause en grimpant au sommet du **Vittoriano** (p. 33) pour contempler la vue sur Rome. Si vous avez encore des envies d'archéologie, allez voir les vestiges des **Forums impériaux** (p. 32). Et pour en savoir plus sur ces monuments, visitez notamment les **Mercati di Traiano et Museo dei Fori Imperiali** (marchés de Trajan et musée des Forums impériaux, p. 32).

🌙 Après toutes ces visites, dînez à **Terre e Domus** (p. 33) spécialisé dans la cuisine traditionnelle romaine. Terminez la soirée avec une bière à **BrewDog Roma** (p. 34).

Explorer

👁 Les incontournables

Colisée (p. 24)

Forum romain (p. 26)

❤️ Le meilleur du quartier

Histoire

Colisée (p. 24)

Forum romain (p. 26)

Palatin (p. 31)

Bocca della Verità (p. 33)

Architecture

Colisée (p. 24)

Mercati di Traiano et Museo dei Fori Imperiali (p. 32)

Place du Capitole (p. 32)

Comment y aller

🚌 **Bus** De nombreux bus s'arrêtent sur la Piazza Venezia (au nord-ouest du quartier), ou à proximité, notamment les bus 40, 64, 87, 170, 916 et H.

Ⓜ **Métro** La ligne B dessert les stations Colosseum (Colisée) et Circo Massimo. Si vous prenez le métro à Termini, suivez l'indication Line B direzione Laurentina.

Les incontournables
Colisée

Le Colisée (Colosseo) reste le plus impressionnant des monuments de la Rome antique. C'est ici que les gladiateurs s'affrontaient, parfois à mort, et que les condamnés étaient jetés en pâture aux fauves. Deux mille ans plus tard, c'est l'un des premiers sites touristiques d'Italie, avec plus de 6 millions de visiteurs par an !

L'extérieur
Les murs extérieurs sont formés de trois niveaux d'arches ponctués de colonnes à chapiteaux ioniques (en bas), doriques et corinthiens (en haut). Ces

- Plan p. 30, D4
- www.coopculture.it
- Piazza del Colosseo
- Billet combiné tarif plein/réduit avec le Forum romain et le Palatin 12/7,50 €
- 8h30-1h avant le coucher du soleil
- M Colosseo

L'arène du Colisée

Colisée

murs étaient à l'origine couverts de travertin et des statues en marbre ornaient les niches des deuxième et troisième niveaux. Les 80 arches d'entrée, appelées *vomitoria* (vomitoires), permettaient aux spectateurs de prendre place en quelques minutes.

L'arène
L'arène était dotée d'un plancher en bois recouvert de sable – *harena* en latin, d'où le nom d'"arène" – pour empêcher les combattants de glisser et pour absorber le sang répandu.

Hypogée
Réseau souterrain placé sous l'arène, l'hypogée servait de coulisses. C'est là qu'on préparait les décors et que les combattants, hommes et animaux, étaient rassemblés en attendant leur entrée en scène. Quelque 80 monte-charges actionnés par un système de treuils et de poulies permettait de hisser fauves et décors jusqu'à des trappes ouvrant sur l'arène, le tout fonctionnant à la force des bras.

Les gradins
La *cavea*, où prenaient place les spectateurs, était divisée en trois niveaux : les magistrats et les aristocrates romains occupaient le gradin inférieur, les riches citoyens s'asseyaient au milieu et le peuple au niveau supérieur. Les femmes (hormis les vestales) étaient reléguées aux places les moins chères du dernier niveau. Comme dans les stades d'aujourd'hui, chaque spectateur recevait un billet numéroté indiquant sa place précise dans un secteur donné. En 2015, les restaurateurs ont découvert des traces de chiffres rouges sur les arcades qui ont permis de comprendre comment étaient numérotés les secteurs. Le podium, vaste estrade faisant face aux gradins, était réservé à l'empereur, aux sénateurs et aux autres personnalités.

☑ À savoir

▶ Programmez la visite tôt le matin ou en fin d'après-midi pour éviter la foule.

▶ Si les files d'attente sont trop longues, achetez votre billet au Palatin (au 30 de la Via di San Gregorio).

▶ Autres astuces coupe-file : le billet réservé sur www.coopculture.it (2 € de frais) ; le Roma Pass ; une visite guidée en anglais (5 € en sus).

▶ L'hypogée et le gradin supérieur peuvent faire l'objet d'une visite guidée. Réservation obligatoire : 9 € en plus de l'entrée du Colisée.

✗ Une petite faim ?

Évitez les restaurants à touristes des abords immédiats en allant prendre un repas décontracté et léger au Cafè Cafè (p. 103), à l'est du Colisée.

Les incontournables
Forum romain

Jadis cœur du monde antique, le Forum romain (Foro Romano) était un grandiose ensemble de temples couverts de marbre, de basiliques et d'espaces publics animés. Ce n'est plus aujourd'hui qu'un champ de ruines, impressionnant, mais mal signalisé. Toutefois avec un peu d'imagination, il y a quelque chose de fascinant et de profondément émouvant à marcher dans les pas de Jules César et d'autres grandes figures de l'histoire romaine.

◉ Plan p. 30, C3

www.coopculture.it

Largo della Salara Vecchia et Piazza di Santa Maria Nova

Billet combiné tarif plein/réduit avec le Colisée et le Palatin 12/7,50 €

🕗 8h30-1h avant le coucher du soleil

🚌 Via dei Fori Imperiali

Arco di Settimio Severo

Forum romain

Via Sacra
Principale artère du Forum, la Voie Sacrée traverse le site du nord-ouest au sud-est. Dans l'antiquité, Rome célébrait souvent les victoires militaires par un "triomphe" : le général et son armée faisaient une entrée solennelle dans la ville en remontant la Via Sacra jusqu'au Capitole.

Curie
La Via Sacra vous amène à la Curie, où se réunissait le Sénat. Le bâtiment actuel est une reconstitution datant de 1937 de la Curie telle qu'elle était sous Dioclétien (IIIe siècle). Devant la Curie, cachée par des échafaudages, la Lapis Niger, une grande plaque de marbre noir, recouvre la tombe de Romulus.

Arco di Settimio Severo
À l'extrémité de la Voie Sacrée, l'arc de Septime Sévère, haut de 23 m, fut dédié à l'empereur éponyme et à ses deux fils. Érigé en 203, il célèbre les victoires romaines sur les Parthes.

Rostres
C'est du haut de cette tribune que les orateurs romains haranguaient la foule assemblée sur la Piazza del Foro, jadis place principale du Forum. La tribune doit son nom aux éperons de navire (*rostra* en latin) en bronze dont elle était ornée, rapportés de la bataille d'Antium en 338 av. J.-C.

Colonna di Foca
Face aux Rostres, la colonne de Phocas marque le centre de la Piazza del Foro. Dédiée en 608 à l'empereur byzantin Phocas, ce fut le dernier monument érigé sur le Forum romain.

Tempio di Saturno
Ces huit colonnes de granit sont les vestiges du temple de Saturne, qui était l'un des grands édifices du Forum romain. Inauguré en 497 av. J.-C., puis

☑ À savoir

▶ La vue sur le Forum romain est particulièrement majestueuse depuis le Palatin et le Capitole. Pour une autre vue panoramique, grimpez sur la terrasse en haut de la Rampa imperiale.

▶ Venez tôt le matin ou en fin d'après-midi car il y a foule entre 11h et 14h.

▶ En été, il fait parfois très chaud dans le Forum et il n'y a presque pas d'ombre. Prévoyez un chapeau et de l'eau en quantité.

▶ En cas d'envie pressante, vous trouverez des toilettes à côté de la Chiesa di Santa Maria Antiqua.

✕ Une petite faim ?

Pour une pause-café, direction la Terrazza Caffarelli (p. 34), établie sur le toit-terrasse des musées du Capitole.

Pour quelque chose de plus substantiel, direction Terre e Domus (p. 33), qui propose une excellente cuisine régionale et de bons vins locaux.

28 La Rome antique

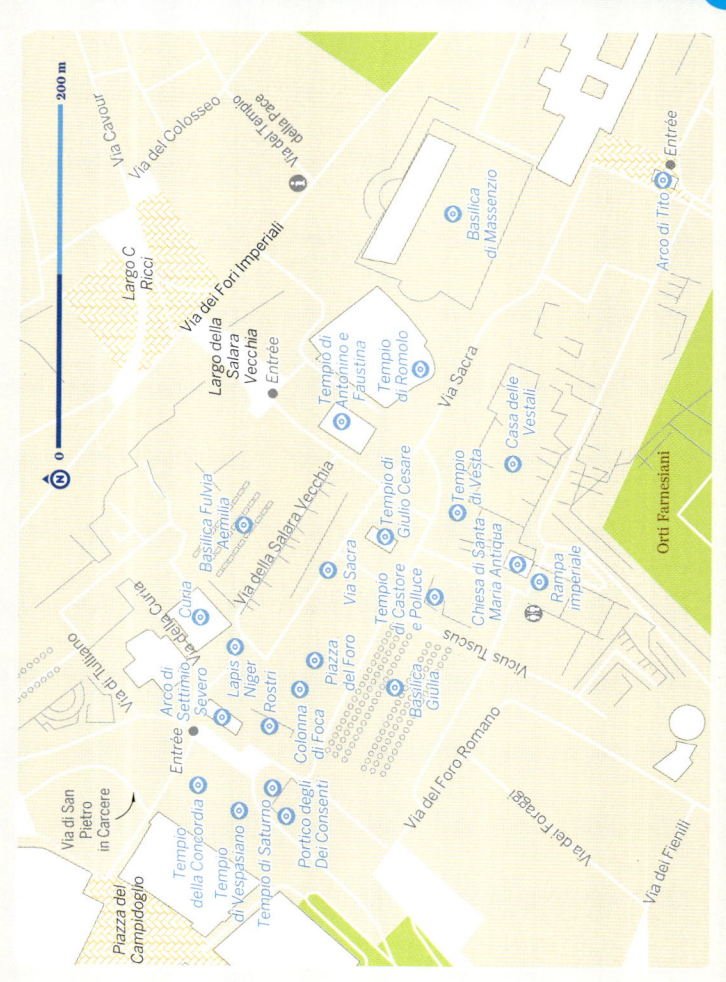

Forum romain

Arco di Tito

reconstruit au Ier siècle av. J.-C., cet important temple faisait aussi office de Trésor.

Tempio di Castore e Polluce
Il ne reste que trois colonnes corinthiennes du temple de Castor et Pollux qui se dressait au centre du Forum. Il avait été érigé en 484 av. J.-C. en l'honneur des jumeaux divins qui auraient aidé Rome à vaincre les Latins en 496 av. J.-C.

Casa delle Vestali
Les Vestales étaient des prêtresses chargées d'entretenir la flamme du Tempio di Vesta voisin. Au nombre de six, elles étaient issues de familles patriciennes et choisies dès l'âge de 6 à 10 ans pour consacrer 30 années de leur vie au service du temple.

Basilica di Massenzio
La basilique de Maxence est le plus grand édifice du Forum. Initiée par l'empereur Maxence et terminée sous Constantin en 315, elle mesurait à l'origine 100 m de long sur 65 m de large environ.

Arco di Tito
L'Arc de Triomphe, à Paris, serait, dit-on, inspiré de l'arc de Titus. Ce monument bien préservé fut érigé en 81 pour célébrer les victoires remportées par Vespasien et Titus contre Jérusalem.

30 La Rome antique

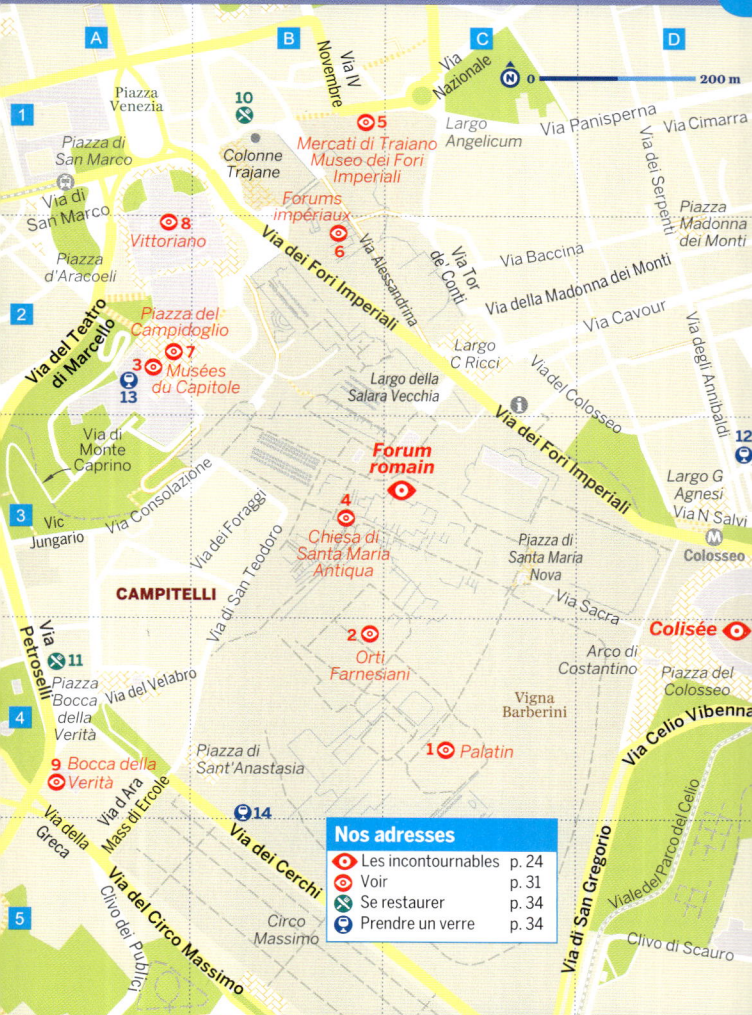

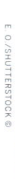

Le mont Palatin

Voir

Palatin
SITE ARCHÉOLOGIQUE

1 Plan p. 30, C4

Situé entre le Forum romain et le Circo Massimo, le Palatin séduit le visiteur avec ses grands pins, ses ruines majestueuses et ses vues extraordinaires. C'est ici que Romulus aurait fondé la ville en 753 av. J.-C., et c'est là qu'habitaient les empereurs romains. Ne manquez pas le **stadio** (Stade ; Via di San Gregorio 30, Palatino ; ⓜColosseo), les ruines de la **Domus Flavia** (palais impérial ; Via di San Gregorio 30, Palatino ; ⓜColosseo) et les vues magnifiques sur le Forum romain depuis les Orti Farnesiani. (Palatin ; ☏06 3996 7700 ; www.coopculture.it ; Via di San Gregorio 30, Piazza di Santa Maria Nova ; billet combiné tarif plein/réduit avec le Colisée et le Forum romain 12/7,50 € ; ⏱8h30-1 heure avant le coucher du soleil ; ⓜColosseo)

Orti Farnesiani
JARDINS

2 Plan p. 30, B4

Aménagés au XVIe siècle sur le mont Palatin, les jardins Farnèse sont parmi les plus anciens jardins botaniques d'Europe. Un balcon panoramique, situé à la pointe nord des jardins, offre une vue grandiose sur le Forum romain. (Via di San Gregorio 30, Palatino ; ⓜColosseo)

Musées du Capitole MUSÉE

3 Plan p. 30, A2

Créés en 1471, il s'agit des plus anciens musées publics du monde. Leur collection de sculptures classiques compte parmi les plus belles d'Italie. Entre autres chefs-d'œuvre, on peut admirer la *Lupa Capitolina* (la *Louve du Capitole*), le *Galata morente* qui représente un Gaulois au seuil de la mort, mais également des toiles majeures du Titien, du Tintoret, de Rubens et du Caravage. Le prix de l'entrée augmente lorsqu'il y a une exposition temporaire. (Musei Capitolini ; ☎06 06 08 ; www.museicapitolini.org ; Piazza del Campidoglio 1 ; tarif plein/réduit 11,50/9,50 € ; ⏱9h30-19h30, dernière entrée 18h30 ; 🚍Piazza Venezia)

Chiesa di Santa Maria Antiqua ÉGLISE

4 Plan p. 30, B3

Plus ancien et plus important monument chrétien du Forum romain, cette église constitue un témoignage unique sur les débuts de l'art chrétien. L'intérieur, plongé dans la pénombre et récemment rouvert, après 30 ans de restauration, recèle de merveilleuses fresques du VIe au IXe siècle. Parmi ses joyaux figurent une fresque (sur le mur est) représentant le Christ et les pères des églises d'Orient et d'Occident ainsi qu'une icône, l'une des plus anciennes connues, représentant la Vierge à l'enfant. (Largo della Salara Vecchia, Forum romain ; ⏱8h30-16h30 hiver, 8h30-19h été ; 🚍Via dei Fori Imperiali)

Mercati di Traiano et Museo dei Fori Imperiali MUSÉE

5 Plan p. 30, B1

Cet étonnant musée redonne vie aux marchés de Trajan construits au IIe siècle sous l'empereur Trajan et offre une introduction intéressante aux Forums impériaux (ci-dessous) avec expositions multimédia, panneaux explicatifs et de nombreux objets archéologiques. (☎06 06 08 ; www.mercatiditraiano.it ; Via IV Novembre 94 ; tarif plein/réduit 11,50/9,50 € ; ⏱9h30-19h30, dernière entrée 18h30 ; 🚍Via IV Novembre)

Forums impériaux SITE ARCHÉOLOGIQUE

6 Plan p. 30, B2

Visibles depuis la Via dei Fori Imperiali et, quand elle est ouverte, depuis la Via Alessandrina, les forums de Trajan, d'Auguste, de Nerva et de César sont connus sous le nom de Forums impériaux. Ils furent largement recouverts par la Via dei Fori Imperiali tracée par Mussolini en 1933, mais les fouilles entreprises depuis ont permis d'en remettre au jour une grande partie. Les principaux sites sont les Mercati di Traiano, à visiter avec le Museo dei Fori Imperiali, et la Colonna Traiana (colonne de Trajan). (Fori Imperiali ; Via dei Fori Imperiali ; 🚍Via dei Fori Imperiali)

Voir

Piazza del Campidoglio PLACE

7 Plan p. 30, A2

Dessinée par Michel-Ange en 1538, la place du Capitole est l'une des plus belles places de Rome. Vous pouvez y accéder depuis plusieurs lieux, mais le mieux est d'emprunter la **Cordonata** (Piazza d'Aracoeli), l'élégant escalier qui y monte depuis la Piazza d'Aracoeli. La place est bordée par le Palazzo Nuovo et le Palazzo dei Conservatori, où sont aménagés les musées du Capitole, et le Palazzo Senatorio, siège du conseil municipal. En son centre se tient une copie d'une statue équestre de Marc Aurèle. (Piazza Venezia)

Il Vittoriano MONUMENT

8 Plan p. 30, A2

Qu'on l'aime ou qu'on le déteste (comme la plupart des Romains), il est difficile d'ignorer le Vittoriano (aussi appelé *Altare della Patria*, autel de la Patrie), massif édifice de marbre blanc qui trône sur la Piazza Venezia. Débuté en 1885 en l'honneur du premier roi d'Italie, Victor Emmanuel II – immortalisé sur une grande statue équestre –, il se compose du **Museo Centrale del Risorgimento** (06 679 35 98 ; www.risorgimento.it ; tarif plein/réduit 5/2,50 € ; 9h30-18h30 ; Piazza Venezia), d'un petit musée sur l'unification italienne et de la **tombe du Soldat inconnu**. L'ascenseur **Roma dal Cielo** (tarif plein/réduit 7/3,50 € ; 9h30-19h30 dernière entrée à 19h ; Piazza

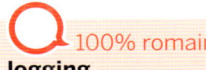

100% romain

Jogging

Courez comme les Romains en pratiquant votre jogging à votre rythme sur le **Circo Massimo** (Circus Maximus ; plan p. 30 ; 06 06 08 ; Piazza di Porta Capena ; Circo Massimo). Les vrais sportifs se retrouvent dans les rues début avril pour le marathon annuel de Rome qui commence et se termine Via dei Fori Imperiali.

Venezia) vous emmène au sommet du monument pour la plus belle vue à 360 degrés de la ville. (Victor Emmanuel Monument ; Piazza Venezia ; entrée libre ; 9h30-17h30 été, 9h30-16h30 hiver ; Piazza Venezia)

Bocca della Verità MONUMENT

9 Plan p. 30, A4

Visage barbu gravé dans un disque de marbre géant, cette "Bouche de la vérité" est l'une des plus célèbres curiosités de Rome. La légende veut que si vous y mettez la main et que vous dites un mensonge, la bouche se ferme et vous coupe les doigts. On pense qu'elle faisait à l'origine partie d'une fontaine, à moins qu'il ne s'agisse d'une ancienne plaque d'égout. Elle se trouve désormais dans l'entrée de la **Chiesa di Santa Maria in Cosmedin**, une belle église médiévale. (Bocca della Verità ; Piazza Bocca della Verità 18 ; 9h30-17h50 ; Piazza Bocca della Verità)

Se restaurer

Terre e Domus CUISINE RÉGIONALE €€
10 Plan p. 30, B1

Ce restaurant tout de blanc et de verre est la meilleure adresse du très touristique quartier du Forum. Avec une grande fenêtre donnant sur la Colonne Trajane, c'est un endroit calme proposant une cuisine traditionnelle, préparée avec des ingrédients venant du Lazio, ainsi qu'un petit choix de vins locaux. (06 6994 0273 ; Via Foro Traiano 82-4 ; repas 30 € ; 9h-0h lun et mer-sam, 10h-0h dim ; Via dei Fori Imperiali)

Ristorante Roof Garden Circus GASTRONOMIE €€€
11 Plan p. 30, A4

Le dernier étage de l'hôtel Forty Seven sert de cadre romantique à ce restaurant mêlant classiques romains et cuisine méditerranéenne du chef Giacomo Tasca. Tout en contemplant l'Aventin, profitez de valeurs sûres, comme les spaghettis *ajo e ojio* (ail et huile d'olive), à moins que vous ne préfériez le filet de bœuf aux courgettes, menthe et poivrons rôtis. (06 678 78 16 ; www.fortysevenhotel.com ; Via Petroselli 47, Hotel Forty Seven ; repas 60 € ; 12h-22h30 ; Via Petroselli)

Prendre un verre

BrewDog Roma BIÈRE ARTISANALE
12 Plan p. 30, D3

Installé à l'ombre du Colisée depuis fin 2015, ce bar du brasseur écossais BrewDog connait un grand succès auprès des amateurs de bière artisanale. Son décor de brique nue et sa vingtaine de bières pression en font un agréable lieu de détente après une journée de visite. (392 9308655 ; www.brewdog.com/bars/worldwide/roma ; Via delle Terme di Tito 80 ; 12h-1h dim-jeu, jusqu'à 2h ven-sam ; Colosseo)

Terrazza Caffarelli CAFÉ
13 Plan p. 30, A2

L'élégant café en terrasse des musées du Capitole offre une pause mémorable pour prendre un verre ou un en-cas (*panini,* salades, pâtes) en contemplant la vue magique sur les toits et les coupoles de la ville. Son entrée indépendante sur le Piazzale Caffarelli permet d'y accéder sans billet d'entrée pour les musées. (Caffetteria dei Musei Capitolini ; 06 6919 0564 ; Piazzale Caffarelli 4 ; 9h30-19h ; Piazza Venezia)

0,75 BAR
14 Plan p. 30, B4

Ce bar donnant sur le Circo Massimo est idéal pour prendre un verre le soir, un *aperitivo* ou un repas léger (plats 6 à 16,50 €). C'est une adresse sympathique, à l'ambiance détendue, avec une clientèle internationale, des poutres apparentes et de la musique douce. (06 687 57 06 ; www.075roma.com ; Via dei Cerchi 65 ; 11h-2h ; Via dei Cerchi ;)

Comprendre
Petit Who's Who des empereurs romains

Sur les quelque 250 empereurs qu'a connus l'Empire romain, voici ceux qui ont vraiment marqué l'histoire par leur génie, leur cruauté ou leur folie.

Auguste (27 av. J.-C.- 14 apr. J.-C.). Premier empereur romain. Il établit une longue période de paix et de stabilité, marquée par la floraison des arts et la construction de nombreux monuments.

Caligula (37-41). Succédant à Tibère, il est très populaire au début de son règne, jusqu'à ce que, sous l'effet de la maladie, il se transforme en un tyran extravagant. Il meurt assassiné par ses gardes du corps sur le mont Palatin.

Claude (41-54). Il étend l'Empire romain et conquiert la Bretagne (actuelle Grande-Bretagne). Il meurt empoisonné, sans doute à l'instigation d'Agrippine, son épouse et mère de Néron.

Néron (54-68). Après avoir régné en bon monarque, il sombre dans la démence : il fait assassiner sa mère, ordonne la persécution des chrétiens, accapare la moitié de la ville pour construire la Domus Aurea.

Vespasien (69-79). Premier de la dynastie des Flaviens, il impose la paix et assainit les finances impériales. C'est lui qui fait bâtir le Colisée.

Trajan (98-117). Il mène une politique de conquête vers l'est et règne sur l'Empire à son apogée. Il rénove le centre de Rome, en ajoutant un forum, des marchés et une colonne à sa gloire.

Hadrien (117-138). Il met fin à l'expansion romaine et s'attache à pacifier l'Empire. Il reconstruit le Panthéon et se fait bâtir une grandiose villa à Tivoli.

Aurélien (270-75). Il fait beaucoup pour mater les rébellions qui progressent dans l'Empire à la fin du IIIe siècle. Il entame la construction d'un nouveau mur d'enceinte de la ville qui porte son nom.

Dioclétien (284-305). En 285, il partage l'Empire entre l'Orient et l'Occident. Alors qu'il combat pour sécuriser les frontières orientales de l'Empire, il lance de terribles persécutions contre les chrétiens.

Constantin Ier (306-337). Il met fin à la persécution des chrétiens et fonde une nouvelle capitale à Byzance, rebaptisée Constantinople en son honneur.

Explorer

Centre historique

Étroit enchevêtrement de ruelles pavées, de places animées, de palais Renaissance et d'églises baroques, le centre historique colle à l'image de Rome que rêvent de retrouver les visiteurs. Ses rues romantiques regorgent de cafés, de boutiques, de restaurants et d'élégants bars. Marchés et artistes de rue contribuent à l'animation de ses places.

L'essentiel en un jour

☀️ Le centre historique se prête idéalement à une balade tranquille. Pour bien démarrer la journée, prenez un *espresso* au **Caffè Sant'Eustachio** (p. 49), avant de rejoindre le **Panthéon** (p. 38). Ensuite, direction la **Basilica di Santa Maria Sopra Minerva** (p. 45) où vous pourrez admirer une œuvre de Michel-Ange. Puis ralliez la **Galleria Doria Pamphilj** (p. 44) et sa superbe collection de tableaux de maîtres. Après quoi, allez déjeuner à **La Ciambella** (p. 47) en vous arrêtant en chemin à la **Chiesa del Gesu** (p. 44).

☀️ Poussez ensuite jusqu'à la **Piazza Navona** (p. 44, photo de gauche), la plus belle place baroque de Rome. Non loin de là, le **Museo Nazionale Romano : Palazzo Altemps** (p. 44) abrite de merveilleuses sculptures antiques, et l'**église Saint-Louis-des-Français** (p. 45) renferme trois tableaux du Caravage. Pour finir, allez au **Campo de' Fiori** (p. 51).

🌙 Dînez d'une délicieuse pizza chez **Emma Pizzeria** (p. 47), avant de goûter aux gelati de la **Gelateria del Teatro** (p. 48). Terminez la soirée dans l'un des nombreux bars du quartier, comme le **Gin Corner** (p. 50) réputé pour ses cocktails.

La journée type d'un Romain dans le centre historique est décrite p. 40.

👁 Les incontournables

Panthéon (p. 38)

 100% romain

Une journée dans le Centro Storico (p. 40)

 Le meilleur du quartier

Histoire
Panthéon (p. 38)

Chiesa del Gesù (p. 44)

Teatro Argentina (p. 51)

Se restaurer
Armando al Pantheon (p. 48)

Gelateria del Teatro (p. 48)

Comment y aller

🚌 **Bus** Idéal pour accéder au *centro storico*. Depuis Termini, les lignes 40 et 64 s'arrêtent au Largo di Torre Argentina puis descendent le Corso Vittorio Emanuele II. Depuis la Via del Tritone, près de la station de métro Barberini, le bus n°492 suit le Corso del Rinascimento et rejoint la Piazza Navona.

Ⓜ️ **Métro** Il n'y a pas de station dans le quartier, mais on peut y accéder à pied depuis les stations de la ligne A (Barberini, Spagna et Flaminio).

🚋 **Tramway** La ligne n°8 relie la Piazza Venezia au Trastevere en passant par la Via Arenula.

Centre historique

Les incontournables
Panthéon

Bâti il y a 2 000 ans, cet ancien temple transformé en église est le mieux conservé des édifices antiques de la ville. C'est aussi l'un des monuments ayant le plus influencé l'histoire de l'architecture occidentale. Si, de l'extérieur, sa masse grise accuse son âge, passé les grandes portes de bronze, on ne peut qu'admirer sa gigantesque coupole, la plus grande au monde en béton non armé.

👁 Plan p. 42, C3

www.pantheonroma.com

Piazza della Rotonda

entrée libre

🕐 8h30-19h15 lun-sam, 9h-17h45 dim

🚋 Largo di Torre Argentina

La coupole percée d'un oculus

Panthéon

Extérieur
À l'origine, le Panthéon se dressait au-dessus de gradins et donnait sur une place à portiques rectangulaire. Aujourd'hui sa masse gris sombre, enfoncée sous le niveau du sol, fait face à la très animée Piazza della Rotonda, bordée de cafés. Sa façade reste néanmoins très imposante. Le portique monumental est soutenu par 16 colonnes corinthiennes dont le fût monolithique, haut de 13 m, est en granit égyptien.

Intérieur
Même si l'extérieur en impose, c'est seulement en pénétrant à l'intérieur du Panthéon que l'on en saisit toute la grandeur. La lumière qui pénètre par l'oculus (une ouverture de 8,7 m de diamètre au centre de la coupole) accentue le sentiment d'ampleur de la rotonde intérieure recouverte de marbre, un effet voulu pour que les fidèles se sentent plus petits face aux dieux.

Face à l'entrée se dresse le maître-autel de l'église surmonté d'une icône du VIIe siècle représentant une Vierge à l'Enfant. À gauche (en entrant), le tombeau de Raphaël est surmonté de la *Madonna del Sasso* (Vierge du Rocher) sculptée par Lorenzetto en 1520.

La coupole
Considérée comme la plus importante réalisation architecturale de la Rome antique, la coupole du Panthéon fut la plus grande du monde jusqu'à ce que Brunelleschi construise sa coupole à Florence au XVe siècle. Demi-sphère parfaite, son diamètre (43,30 m) est égal à la hauteur intérieure de l'édifice. L'oculus central, qui symbolise le lien entre le temple et les dieux, remplit aussi une fonction essentielle dans l'absorption et la répartition des formidables forces de tension du dôme.

☑ À savoir

▶ Le Panthéon est aujourd'hui une église. La messe y est célébrée le samedi à 17h et le dimanche à 10h30.

▶ En visitant le Panthéon à la mi-journée, vous verrez le puits de lumière qui passe par l'oculus.

▶ Pensez aussi à baisser les yeux : le sol de marbre en pente est percé de 22 trous quasi invisibles servant à drainer la pluie qui pénètre par l'oculus.

▶ Revenez à la nuit tombée pour admirer la vue splendide qu'offre le Panthéon se dressant sur le ciel bleu nuit.

✗ Une petite faim ?

Les rues autour du Panthéon fourmillent de trattorias et de bars. Si vous avez envie d'un *espresso*, rendez-vous à La Casa del Caffè Tazza d'Oro (p. 50), l'un des meilleurs cafés de la ville.

Pour un plat de pâtes délicieux à l'écart de la foule, direction La Ciambella (p. 47), un restaurant décontracté ouvert toute la journée.

100% romain
Une journée dans le centre historique

Le centre historique de Rome est particulièrement envoûtant. Les visiteurs ne sont pas les seuls à tomber sous le charme de ses places romantiques, de ses ruelles pittoresques et de ses terrasses de cafés. Les Romains aiment eux aussi y flâner, faire du shopping, se détendre autour d'un verre, visiter une exposition ou simplement passer du temps entre amis.

❶ Une expo au Chiostro del Bramante

Niché dans les ruelles proches de la Piazza Navona, le **Chiostro del Bramante** (www.chiostrodelbramante.it ; Via Arco della Pace 5 ; expos tarif plein/réduit 13/11 € ; ⊙église 9h-11h45 lun, mer et sam, cloître 10h-20h lun-ven, 10h-21h sam-dim ; 🚌Corso del Rinascimento) est un splendide écrin Renaissance pour les expositions d'art contemporain.

Une journée dans le centre historique

L'élégant café de l'étage est parfait pour prendre un *espresso* en milieu de matinée, un repas léger au déjeuner ou bien l'apéritif.

❷ Du shopping dans la Via del Governo Vecchio et aux alentours

Charmante rue jalonnée de boutiques *arty*, la **Via del Governo Vecchio** (🚌Corso Vittorio Emanuele II) part de la Piazza Pasquino, où se dresse la fameuse "statue parlante" (sur laquelle les Romains avaient l'habitude de déposer des couplets satiriques se moquant des autorités). Le lieu est touristique, ce qui n'empêche pas les Romains d'en apprécier l'ambiance, d'autant que l'on trouve de superbes boutiques alentour, en particulier le magasin de jeans tendance **SBU** (📞06 6880 2547 ; www.sbu. it ; Via di San Pantaleo 68-69 ; ⏰10h-19h30 lun-sam ; 🚌Corso Vittorio Emanuele II).

❸ Un déjeuner à Alfredo e Ada

Pour un vrai repas de trattoria, direction le très apprécié **Alfredo e Ada** (📞06 687 8842 ; Via dei Banchi Nuovi 14 ; repas 25-30 € ; ⏰12h-15h et 19h-22h mar-sam ; 🚌Corso Vittorio Emanuele II). Avec ses tables au plateau de marbre, l'endroit ne paie vraiment pas de mine, mais l'ambiance est sympathique et chaleureuse, et la cuisine traditionnelle romaine aussi roborative que savoureuse.

❹ Une balade dans la Via Giulia

Bordée de palais Renaissance et d'orangers en pots, la Via Giulia se prête à une balade pittoresque. À son extrémité sud, la **Fontana del Mascherone** représente un personnage du XVIIe siècle tout étonné de cracher de l'eau. Tout près de là, l'**Arco Farnese** enjambe la rue. Il faisait partie d'un projet censé relier le palais Farnèse à la Villa Farnesina.

❺ Une illusion d'optique au Palazzo Spada

Très souvent ignoré par les touristes, le **Palazzo Spada** (Palazzo Capodiferro ; 📞06 683 2409 ; www.galleriaspada.beniculturali. it ; Piazza Capo di Ferro 13 ; tarif plein/réduit 5/2,50 € ; ⏰8h30-19h30 mer-lun ; 🚌Corso Vittorio Emanuele II) abrite une célèbre illusion d'optique : la *Prospettiva* (Perspective) de Borromini. Ce qui semble être un long couloir de 25 m bordé de colonnes donnant sur une statue de taille humaine ne mesure en réalité que 10 m de long, et la sculpture (qui fut ajoutée plus tard) est en fait une statuette.

❻ Une bière à l'Open Baladin

La bière artisanale a bien fait son trou à Rome. Avec plus de 40 bières à la pression et près de 100 bières en bouteilles, l'**Open Baladin** (📞06 683 8989 ; www.openbaladinroma.it ; Via degli Specchi 6 ; ⏰12h-2h ; 📶 ; 🚌Via Arenula) tient le haut du pavé. Bar moderne et branché, situé à proximité du Campo de' Fiori, il est spécialisé dans les bières italiennes, le plus souvent en provenance de microbrasseries.

42 Centre historique

COLONNA

Piazza di San Silvestro
Via del Corso
Galleria Doria Pamphilj ② 2
Via Lata
Via del Corso
Palazzo Chigi
Piazza Colonna
Via della Gatta
Via in Lucina
Piazza di Pietra
Via del Caravita
Piazza Grazioli
Piazza del Parlamento
Palazzo di Montecitorio
Piazza di Sant'Ignazio
Via degli Uffici del Vicario
Piazza di Montecitorio
Via di Sant'Ignazio
Basilica di Santa Maria Sopra Minerva
Via di Campo Marzio
Via dei Prefetti
Via della Maddalena
Piazza delle Coppelle
Via degli Orfani
Via del Piè di Marmo
Via del Seminario
Piazza della Pigna
PIGNA
Via della Lupa
Via delle Colonnelle
Via dei Pastini 22
Via del Gesù
Via della Scrofa
Via della Stelletta
Via della Pigna
Via dei Cestari
Piazza della Rotonda
Panthéon 25
Piazza della Minerva 6
30
23
Via del Pantheon
Via Giustiniani
Salita dei Crescenzi
Via di Torre Argentina
Basilica di Sant'Agostino 7
Largo G Tonolo
Via della Dogana Vecchia
14
Piazza di Sant'Agostino
5
Piazza Sant'Eustachio
Via Monterone
19
Via di Sant'Apollinare
Piazza delle Cinque Lune
Via del Salvatore
17 Via del Teatro Valle
Piazza Sant'Andrea
Museo Nazionale Romano - Palazzo Altemps 4
Piazza Sant' Apollinare
Église Saint-Louis-des-Français
Via Melone
Piazza Tor Sanguigna
Corso del Rinascimento
Via dei Portoghesi
Via dell'Orso
Via dei Soldati
Via di Monte Brianzo
Via G Zanardelli
Largo Febo
Piazza Navona 1
Via Santa Maria dell'Anima
Via dei Canestrari
Piazza di San Pantaleo
Lgt Marzio
Piazza Lacellotti
Via dei Coronari
Via di San Pantaleo
Corso Vittorio Emanuele II
PARIONE
Piazza della Cancelleria
Ponte Umberto I
27
15
21
Via del Corallo
Via Sora
Via di Parione
Via del Governo Vecchio
Via del Pellegrino
18

Tibre

Lgt Tor di Nona

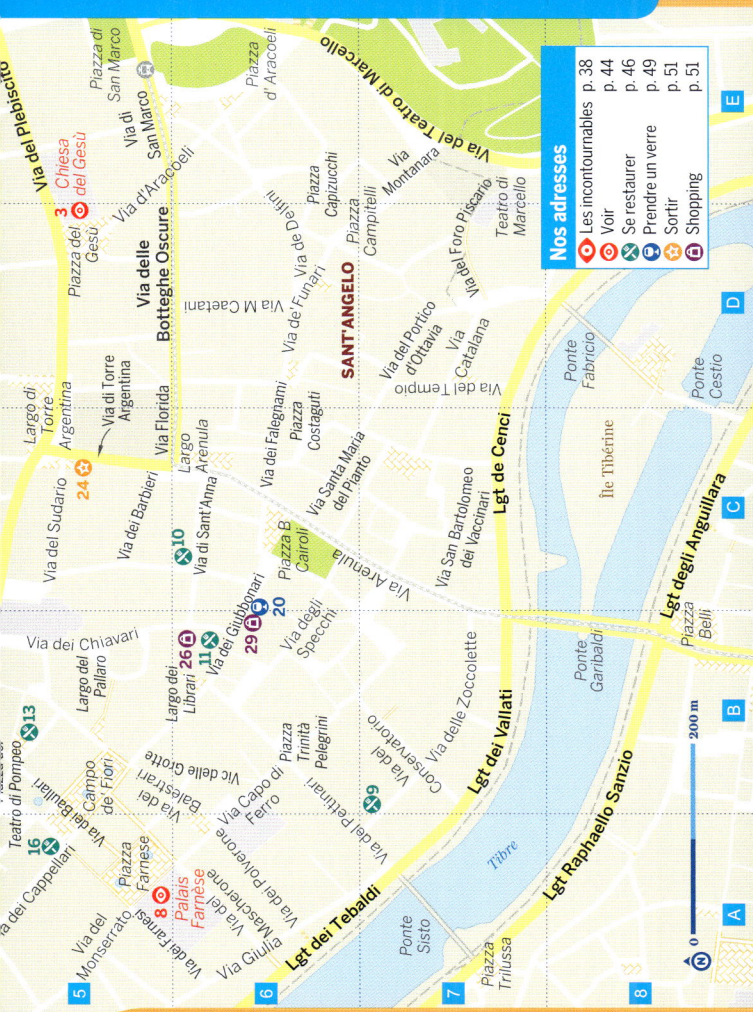

Voir

Piazza Navona PLACE

1 Plan p. 42, B3

Avec ses superbes fontaines et ses palais, la Piazza Navona est la place emblématique du centre de Rome. Construite sur le **Stadio di Domiziano** (stade de Domitien ; 📞 06 4568 6100 ; www.stadiodomiziano.com ; Via di Tor Sanguigna 3 ; tarif plein/réduit 8/6 € ; ⏱10h-19h dim-ven, jusqu'à 20h sam), datant du Ier siècle, elle fut pavée au XVe siècle et accueillit le principal marché de la ville durant près de 300 ans. Joyau de la place, la **Fontana dei Quattro Fiumi** (fontaine des Quatre-Fleuves), chef-d'œuvre du Bernin, comporte quatre personnages musculeux symbolisant le Nil, le Gange, le Danube et le Rio de la Plata, dominés par un obélisque égyptien. (🚇Corso del Rinascimento)

Galleria Doria Pamphilj GALERIE

2 Plan p. 42, E4

Caché derrière la façade grise et triste du Palazzo Doria Pamphilj, ce magnifique musée abrite l'une des plus riches collections privées romaines, avec des chefs-d'œuvre de Raphaël, du Tintoret, du Titien, du Caravage, du Bernin et de Velázquez, ainsi que plusieurs maîtres flamands. Clou de la collection : le portrait par Velázquez de l'implacable pape Innocent X, qui avait trouvé sa représentation "trop réaliste". À titre de comparaison, jetez un œil sur l'interprétation sculpturale du même sujet par le Bernin. (📞06 679 73 23 ; www.doriapamphilj.it ; Via del Corso 305 ; tarif plein/réduit 12/8€ ; ⏱9h-19h, dernière entrée 18h ; 🚇Via del Corso)

Chiesa del Gesù ÉGLISE

3 Plan p. 42, D5

Imposant modèle de l'architecture de la Contre-Réforme, la plus importante église jésuite de Rome abrite derrière sa façade relativement sobre des trésors d'art baroque. Parmi les œuvres majeures figurent les tourbillonnantes fresques de la voûte peintes par Giovanni Battista Gaulli (dit Il Baciccio) et le riche tombeau conçu par Andrea del Pozzo pour saint Ignace de Loyola, fondateur de la Compagnie de Jésus en 1540. Le saint espagnol vécut dans l'église de 1544 à sa mort en 1556. Il est possible de visiter ses appartements privés dans la Cappella di Sant'Ignazio. (📞06 69 7001 ; www.chiesadelgesu.org ; Piazza del Gesù ; ⏱7h-12h30 et 16h-19h45, appartements de saint Ignace 16h-18h lun-sam, 10h-12h dim ; Largo di Torre Argentina)

Museo Nazionale Romano : Palazzo Altemps MUSÉE

4 Plan p. 42, B2

Au nord de la Piazza Navona, le Palazzo Altemps est un beau palais de la fin du XVe siècle, qui renferme les plus belles pièces de la collection de sculptures classiques du Museo Nazionale Romano. De nombreuses

Intérieur de la Chiesa del Gesù

œuvres ont été rassemblées par le cardinal Ludovico Ludovisi au XVIIe siècle, dont le *Galata suicida* (Suicide du Gaulois). (📞 06 3996 7700 ; www.coopculture.it ; Piazza Sant'Apollinare 44 ; tarif plein/réduit 7/3,50 € ; 🕐 9h-19h45 mar-dim ; 🚌 Corso del Rinascimento)

Église Saint-Louis-des-Français ÉGLISE

5 👁 Plan p. 42, C3

Église de la communauté française de Rome depuis 1589, cette opulente église baroque renferme le superbe cycle de saint Matthieu du Caravage : la *Vocazione di San Matteo* (La Vocation de saint Matthieu), le *Martirio di San Matteo* (Le Martyre de saint Matthieu) et *San Matteo e l'angelo* (Saint Matthieu et l'Ange). (Piazza di San Luigi dei Francesi 5 ; 🕐 9h30-18h30 lun-ven, 9h30-12h15 et 14h30-18h45 sam, 11h30-12h45 et 14h30-18h45 dim ; 🚌 Corso del Rinascimento)

Basilica di Santa Maria Sopra Minerva BASILIQUE

6 👁 Plan p. 42, D4

Bâtie à l'emplacement de trois temples païens, dont un consacré à la déesse Minerve, la basilique dominicaine di Santa Maria Sopra Minerva est la seule église gothique de Rome. Cependant, il reste très peu de choses de la structure originale (XIIIe siècle) et, aujourd'hui, son principal attrait est une sculpture mineure de Michel-Ange et l'intérieur, riche et coloré. (www.santamariasopraminerva.it ; Piazza della Minerva 42 ; ⏰6h40-19h lun-ven, 6h40-12h30 et 15h30-19h sam, 8h-12h30 et 15h-19h dim ; 🚌Largo di Torre Argentina)

Basilica di Sant'Agostino BASILIQUE

7  Plan p. 42, B2

La sobre façade blanche de cette église du début de la Renaissance, bâtie au XVe siècle puis remaniée à la fin du XVIIIe siècle, ne laisse pas présager les impressionnants trésors artistiques qu'elle recèle. Outre la célèbre *Madone des Pèlerins* du Caravage, dans la première chapelle sur la gauche, vous découvrirez une fresque de Raphaël et une sculpture, très vénérée, œuvre de Jacopo Sansovino. (Piazza di Sant'Agostino 80 ; ⏰7h30-12h et 16h-19h30 ; 🚌Corso del Rinascimento)

✅ Bon plan
Gratuit

Le centre historique est un quartier cher, mais il y a moyen de ne pas dépenser trop. Pour voir des chefs-d'œuvre de Michel-Ange, de Raphaël, de Caravage ou du Bernin, il n'est que de pousser la porte des églises, dont l'entrée est toujours gratuite. Pour éviter d'acheter de l'eau, il suffit de remplir sa bouteille aux *nasoni* (gros nez), des fontaines disséminées partout.

Palais Farnèse BÂTIMENT HISTORIQUE

8  Plan p. 43, A5

Siège de l'ambassade de France, ce *palazzo* Renaissance, parmi les plus beaux de Rome, fut débuté en 1514 par Antonio da Sangallo le Jeune, poursuivi par Michel-Ange et achevé par Giacomo della Porta. L'intérieur renferme plusieurs fresques d'Annibal et Augustin Carrache qui peuvent rivaliser avec celles de Michel-Ange dans la chapelle Sixtine. La pièce maîtresse, peinte entre 1597 et 1608, est la monumentale fresque *Amori degli Dei* (Les Amours des Dieux), sur le plafond de la Galleria dei Carracci. (www.inventerrome.com ; Piazza Farnese ; 9 € ; ⏰visites guidées 15h, 16h et 17h lun, mer et ven ; 🚌Corso Vittorio Emanuele II)

Se restaurer

Pianostrada RISTORANTE €€

9 🍴 Plan p. 42, B7

Né dans le Trastevere, ce bistrot tendance a déménagé de l'autre côté du fleuve dans un espace blanc et doux, avec un mobilier vintage et une superbe cour-terrasse en été. Un must ! Réservez à l'avance ou installez-vous au bar avec vue sur les cuisines ! La carte joue la fraîcheur par sa créativité, ses produits de saison et l'abondance des légumes dans les plats comme dans de délicieux sandwichs et de formidables *focaccias* maison. (📞06 8957 2296 ; Via delle Zoccolette 22 ; repas 40 € ; ⏰13h-16h et 19h-24h mar-ven, 10h-24h sam-dim ; 🚌Via Arenula)

Se restaurer

Emma Pizzeria PIZZA €€
10 Plan p. 42, C6

Nichée derrière la Chiesa di San Carlo ai Catinari, cette pizzeria offre un cadre élégant et moderne (salle vaste et couverte d'œuvres d'art ou terrasse) pour grignoter une pizza croustillante accompagnée d'une bière artisanale ou d'un des nombreux vins. La carte des pizzas au feu de bois varie avec les saisons, mais il y a aussi des pâtes et des plats principaux. (06 6476 0475 ; www.emmapizzeria.com ; Via Monte della Farina 28-29 ; pizzas 8-18 €, plats 35 € ; 12h30-15h et 19h-23h30 ; Via Arenula)

Forno Roscioli BOULANGERIE, PIZZA €
 Plan p. 43, B6

L'une des meilleures boulangeries de Rome, très appréciée des habitants pour ses parts de pizzas, ses pâtisseries et ses *supplì* (boulettes de risotto). La *pizza margherita* est sublime (même si elle n'est pas évidente à manger). Il y a aussi un comptoir où sont servis pâtes chaudes et plats de légumes en accompagnement. (06 686 4045 ; www.anticofornoroscioli.it ; Via dei Chiavari 34 ; part de pizza à partir de 2 €, en-cas 2 € ; 6h-20h lun-sam, 9h-19h dim ; Via Arenula)

La Ciambella ITALIEN €€
 Plan p. 42, D4

Central mais encore ignoré des hordes de touristes, ce sympathique bar à vins-restaurant l'emporte sur la plupart des établissements du quartier. La salle spacieuse et baignée de lumière domine les ruines des thermes d'Agrippa, visibles à travers des dalles de verre au sol. La cuisine fait dans l'excellence pour les tartares

---

100% romain
Le ghetto juif

Centré autour de la très animée Via del Portico d'Ottavia, le **ghetto** (Lungotevere de' Cenci) est un quartier pittoresque jalonné d'ateliers d'artisans, de friperies, de boucheries casher et de trattorias populaires.

La communauté juive de Rome remonte au IIe siècle av. J.-C. C'est l'une des plus anciennes d'Europe. Aux premiers juifs arrivés en tant que commerçants s'ajoutèrent par la suite de nombreux juifs faits prisonniers lors des guerres judéo-romaines et de la prise de Jérusalem par Titus en 70. En 1555, un décret du pape Paul IV confina les juifs dans le Ghetto. Ce fut le début d'une politique d'intolérance qui se prolongea, plus ou moins, jusqu'au XXe siècle. En contrepartie, ce confinement eut pour effet de conserver intacte l'identité culturelle des juifs du Ghetto.

Site majeur du quartier, le **Teatro di Marcello** (théâtre de Marcellus ; plan p. 42, D7 ; Via del Teatro di Marcello ; Via del Teatro di Marcello) était un théâtre de 20 000 places achevé par Auguste en 11 av. J.-C.

et les galettes de pois chiches comme pour le bœuf longuement mijoté ou les plats de pâtes traditionnels. (📞06 683 2930 ; www.la-ciambella.it ; Via dell'Arco della Ciambella 20 ; repas 35-45 € ; ⊗bar 7h30-24h, bar à vins-restaurant 12h-23h mar-dim ; 🚇Largo di Torre Argentina)

Tiramisù Zum   DESSERTS €

13 🍴 Plan p. 42, B5

Idéal pour reprendre des forces en milieu d'après-midi, ce délicieux bar à desserts est spécialisé dans le tiramisu, grandiose mariage de mascarpone et de biscuits à la cuillère trempés dans la liqueur. Choisissez entre la version classique saupoudrée de cacao ou entre les appétissantes variantes : aux pistaches, aux fruits rouges, aux cerises Amarena, etc. (📞06 6830 7836 ; www.facebook.com/zumroma ; Piazza del Teatro di Pompeo 20 ; desserts 2,50-6 € ; ⊗11h-23h30 dim-jeu, jusqu'à 1h ven-sam ; 🚇Corso Vittorio Emanuele II)

Armando al Pantheon   ROMAIN €€

14 🍴 Plan p. 42, C3

Avec son chaleureux cadre lambrissé et sa fidélité à la cuisine romaine à l'ancienne, Armando al Pantheon est une institution. Ouvert depuis plus de 50 ans, le restaurant a vu défiler son lot de célébrités, mais le succès ne lui est pas monté à la tête et il reste l'une des meilleures adresses à Rome. Réservation obligatoire. (📞06 6880 3034 ; www.armandoalpantheon.it ; Salita dei Crescenzi 31 ; repas 40 € ; ⊗12h30-15h lun-sam et 19h-23h lun-ven ; 🚇Largo di Torre Argentina)

Gelateria del Teatro   GLACIER €

15 🍴 Plan p. 42, A2

Toutes les glaces de cette excellente *gelateria* sont fabriquées sur place : regardez à travers la vitrine pour voir comment. Reste à choisir entre quelque 40 parfums, concoctés à base d'ingrédients rigoureusement sélectionnés comme les noisettes des Langhe dans le Piémont ou les pistaches de Bronte en Sicile. (📞06 4547 4880 ; www.gelateriadelteatro.it ; Via dei Coronari 65 ; gelato 2,50-5 € ; ⊗10h30-20h hiver, 10h-22h30 été ; 🚇Via Zanardelli)

Forno di Campo de' Fiori   BOULANGERIE, PIZZA €

16 🍴 Plan p. 42, A5

Cette boulangerie du Campo de' Fiori, composée de deux magasins adjacents, remporte un franc succès avec ses *panini* et ses délicieuses *pizza al taglio* (parts de pizza). Les habitués ne jurent que par la *pizza bianca* ("pizza blanche" au romarin et sans tomate), mais la *pizza rossa* ("pizza rouge" à l'origan et à la tomate) ainsi que les *panini* n'ont pas l'air mauvais non plus. (www.fornocampodefiori.com ; Campo de' Fiori 22 ; part de pizza environ 3 € ; ⊗7h30-14h30 et 16h45-20h lun-sam, fermé sam juil-août ; 🚇Corso Vittorio Emanuele II)

Casa Bleve   GASTRONOMIE €€€

17 🍴 Plan p. 42, C4

Idéal pour une occasion spéciale, ce somptueux restaurant et bar à vins ébloui par sa cour intérieure

Caffè Sant'Eustachio

bordée de colonnes et surmontée d'une verrière. La carte des vins, sans doute l'une des meilleures de la ville, accompagne une formidable sélection de fromages et de charcuteries, ainsi que des pâtes de saison et des plats raffinés. (06 686 59 70 ; www.casableve.it ; Via del Teatro Valle 48-49 ; repas 55-70 € ; 12h30-15h et 19h30-23h lun-sam ; Largo di Torre Argentina)

Prendre un verre

Barnum Cafe CAFÉ

18 Plan p. 42, A4

Un café décontracté et sympa où l'on pourrait facilement prendre ses habitudes. Entre mobilier vintage et murs de briques blanches, on s'y sent bien pour savourer un cappuccino le matin, grignoter léger au déjeuner ou boire un verre en fin d'après-midi. En soirée, place aux délicieux cocktails et aux tenues chics. (06 6476 0483 ; www.barnumcafe.com ; Via del Pellegrino 87 ; 9h-22h lun, jusqu'à 2h mar-sam ; ; Corso Vittorio Emanuele II)

Caffè Sant'Eustachio CAFÉ

19 Plan p. 42, C4

Ce petit café sans prétention servirait, selon certains, le meilleur café de la ville. Le personnel le confectionne en fouettant les premières gouttes de l'*espresso* avec plusieurs cuillerées de sucre afin d'obtenir une pâte mousseuse sur laquelle on verse le reste du café. Un délice d'onctuosité et une garantie de tonus pour les visites.

Ne manquez pas de goûter aussi les grains de café enrobés de chocolat maison. (www.santeustachioilcaffe. it ; Piazza Sant'Eustachio 82 ; ⏲8h30-1h dim-jeu, jusqu'à 1h30 ven, jusqu'à 2h sam ; 🚌Corso del Rinascimento)

Roscioli Caffè CAFÉ

Le nom de Roscioli est à Rome une garantie de qualité : la famille tient l'une des plus célèbres **charcuteries-traiteurs** (📞06 687 5287 ; www.salumeriaroscioli.com ; Via dei Giubbonari 21 ; repas 55 € ; ⏲12h30-16h et 19h-24h lun-sam ; 🚌Via Arenula) de la ville, une boulangerie extrêmement populaire (p. 47) et ce café qui a tout pour plaire. Le café y est merveilleux, les pâtisseries sont préparées avec art et les petits-fours et *panini* sont aussi bons qu'appétissants. (📞06 8916 5330 ; www.rosciolicaffe.com ; Piazza Benedetto Cairoli 16 ; ⏲7h-23h lun-sam, 8h-18h dim ; 🚌Via Arenula)

Etablì BAR

Installé dans un grand *palazzo* du XVIe siècle, Etablì est un bar-restaurant-lounge idéal pour un café le matin, un déjeuner léger ou un *aperitivo*. C'est un bel endroit décontracté, avec un décor chic et rustique (fauteuils de cuir, tables en bois brut, cheminée...). Brunchs le week-end, dîners (45 €) et concerts occasionnels. (📞06 9761 6694 ; www.etabli.

it ; Vicolo delle Vacche 9a ; ⏲7h30-18h, bar à vins 18h-1h ; 📶 ; 🚌Corso del Rinascimento)

La Casa del Caffè Tazza d'Oro CAFÉ

22 Plan p. 42, D3

Avec ses meubles patinés des années 1940, ce café très fréquenté, où l'on boit debout, est sans conteste l'un des plus réputés de Rome. Mention spéciale à son *espresso*, ainsi qu'à sa gamme variée de délices au café, comme la rafraîchissante *granita di caffè* (glace pilée au café surmontée d'une généreuse dose de crème). L'établissement comprend aussi une petite boutique et une machine à café pour les envies caféinées hors des heures d'ouverture. (📞06 678 9792 ; www.tazzadorocoffeeshop.com ; Via degli Orfani 84-86 ; ⏲7h-20h lun-sam, 10h30-19h30 dim ; 🚌Via del Corso)

Gin Corner BAR À COCKTAILS

23 Plan p. 42, C1

Oubliez le vin et la bière pour goûter aux plaisirs multiples et variés du gin, la grande spécialité de ce bar chic de l'hôtel Adriano. La confection d'un simple gin tonic tient ici du grand art – la carte en propose plus de 10 variétés – et les martinis sont superbement préparés. Vous n'aimez pas le gin ? Pas de souci, on y sert aussi des cocktails à base d'autres alcools. (📞06 6880 2452 ; www.facebook.com/thegincorner ; Via Pallacorda 2, Hotel Adriano ; ⏲18h-24h ; 🚌Via di Monte Brianzo)

Sortir

Teatro Argentina
THÉÂTRE

24 Plan p. 43, C5

Fondé en 1732, le grand théâtre de Rome est l'une des deux scènes du Teatro di Roma, l'autre étant le **Teatro India** (06 68400 0311 ; www.teatrodiroma.net ; Lungotevere Vittorio Gassman 1 ; Stazione Trastevere) dans la banlieue sud. La salle est décorée de fresques fleuries et de rideaux de velours rouge. C'est ici qu'eut lieu la première du *Barbier de Séville* de Rossini en 1816. La programmation est très riche, avec des pièces de théâtre, des ballets et des concerts de musique classique. (06 68400 0311 ; www.teatrodiroma.net ; Largo di Torre Argentina 52 ; billets 12-32 € ; Largo di Torre Argentina)

Shopping

Confetteria Moriondo & Gariglio
CHOCOLAT

25 Plan p. 42, D4

Le poète romain Trilussa était si épris de ce temple du chocolat – fondé en 1868 par des artisans turinois pour la maison royale de Savoie – qu'il lui consacra plusieurs poèmes. Nous sommes d'accord : c'est un bijou. Pour son décor entièrement cramoisi (murs, tables et vitrines) comme pour sa grande spécialité, de sublimes chocolats maison, souvent confectionnés selon des recettes du XIXe siècle. (06 699 0856 ; Via del Piè di Marmo 21-22 ; 9h-19h30 lun-sam ; Via del Corso)

Ibiz – Artigianato in Cuoio
MODE, ACCESSOIRES

26 Plan p. 42, B6

Dans leur tout petit atelier, Elisa Nepi et son père confectionnent de superbes articles de maroquinerie, notamment des portefeuilles, des sacs, des sandales et des ceintures. Vous pourrez trouver des ceintures à partir de 35 €, mais comptez au moins 110 € pour un sac. (06 6830 7297 ; www.ibizroma.it ; Via dei Chiavari 39 ; 9h30-19h30 lun-sam ; Corso Vittorio Emanuele II)

 **100% romain**

Campo de' Fiori

Bruyant et coloré, le **Campo de' Fiori** (plan p. 42, B5 ; Corso Vittorio Emanuele II) est un centre majeur de la vie romaine. Dans la journée, il accueille l'un des **marchés** (7h-14h lun-sam) les plus réputés de Rome. Le soir, il se transforme en terrasse de bar animée. Des siècles durant, la place fut le théâtre des exécutions publiques. C'est ici que philosophe Giordano Bruno fut brûlé pour hérésie en 1600, comme le rappelle une sinistre statue du moine encapuchonné, créée par Ettore Ferrari en 1889.

Marta Ray
CHAUSSURES

27 Plan p. 42, A2

Ballerines et élégants sacs de tous les jours dans des cuirs archisouples de toutes les couleurs de l'arc en ciel : telle est l'image de cette nouvelle marque Marta Ray. Dans ce magasin, l'un des trois de la marque à Rome, vous trouverez une sélection de ballerines et de sacs au joli design moderne et coloré. (06 6880 2641 ; www.martaray.it ; Via dei Coronari 121 ; 10h-20h ; Via Zanardelli)

Bartolucci
JOUETS

28 Plan p. 42, D3

Difficile de résister à l'envie d'entrer dans cette merveilleuse boutique de jouets en bois. À l'entrée, un Pinocchio pédale sur son vélo en rêvant peut-être à la moto grandeur nature garée juste à côté. À l'intérieur, vous n'aurez que l'embarras du choix entre les horloges, les chevaux à bascule, les avions et une profusion de Pinocchio. (www.bartolucci.com ; Via dei Pastini 98 ; 10h-22h30 ; Via del Corso)

Salumeria Roscioli
CHARCUTERIE-TRAITEUR

29 Plan p. 42, B6

Jambons, viandes fumées, fromages, huile d'olive, vinaigres balsamiques et autres embaument cette charcuterie-traiteur de grande classe, l'une des meilleures de Rome. À côté des produits italiens, vous trouverez aussi un vaste choix de vins et de fromages français, de jambons espagnols et de saumons écossais. (06 687 5287 ; www.salumeriaroscioli.com ; Via dei Giubbonari 21 ; 8h30-20h30 lun-sam ; Via Arenula)

namasTèy
THÉ

30 Plan p. 42, C4

Après une visite dans cette charmante boutique, vous y repenserez chaque fois que vous boirez un thé. Aménagée comme une boutique d'apothicaire avec ses rangées de grands pots sur de hautes étagères, elle propose des thés du monde entier ainsi que des théières, tasses, infuseurs et filtres. Elle vend aussi du café et des bouchées à grignoter. (06 6813 5660 ; www.namastey.it ; Via della Palombella 26 ; 10h30-19h30 mar-sam, 11h30-19h30 dim, fermé août ; Largo di Torre Argentina)

Libreria Stendhal
LIVRES

31 Plan p. 42, C2

Non loin du Panthéon, cette vaste librairie propose un très large choix d'ouvrages en français – littérature, beaux livres, guides de voyage, livres pour enfants, etc. Le personnel francophone saura vous conseiller, quelle que soit votre requête. (06 683 07 598 ; www.librairiefrancaiserome.com ; Piazza San Luigi dei Francesi ; 10h-19h lun-sam ; M Cavour)

Comprendre
Grandes périodes architecturales

IVᵉ siècle av. J.-C.-Vᵉ siècle apr. J.-C. Les Romains font d'immenses progrès techniques et construisent des édifices publics monumentaux : ponts, aqueducs, immeubles et réseau d'égouts souterrain.

IVᵉ-XIIᵉ siècle Durant la période médiévale, alors que les papes cherchent à affirmer leur autorité sur la ville, l'activité architecturale se concentre sur la construction des églises.

XVᵉ-XVIᵉ siècle Fondée sur l'humanisme et un renouveau d'intérêt pour les préceptes antiques, la Renaissance atteint son apogée au cours des deux premières décennies du XVIᵉ siècle, période connue sous le nom de Haute Renaissance.

XVIIᵉ siècle À la faveur de la Contre-Réforme, le baroque s'épanouit à Rome, grâce à l'argent de l'Église et au génie du Bernin et de Borromini.

XVIIIᵉ siècle Issu du baroque, le style rococo, théâtral et fleuri, s'épanouit brièvement, donnant à Rome certains de ses sites les plus connus.

Fin XVIIIᵉ-XIXᵉ siècle La Piazza del Popolo prend sa forme actuelle et Guiseppe Valadier, architecte néoclassique majeur de Rome, redonne un coup de jeune à la Villa Torlonia.

Fin XIXᵉ siècle Rome connaît de profondes transformations après l'unification : aménagement de routes, de places, et de quartiers résidentiels pour accueillir les fonctionnaires du gouvernement.

Début du XXᵉ siècle Le rationalisme italien, imposant et moderne, répond à l'ambition de Mussolini de faire de Rome une *caput mundi* (capitale du monde) du XXᵉ siècle.

Depuis les années 1990 Rome offre un cadre historique pour des réalisations de quelques grands architectes contemporains suscitant autant de critiques que d'éloges.

Explorer

Tridente

Boutiques de créateurs, bars à la mode, hôtels de luxe, cafés et trattorias historiques jalonnent le dédale de rues qui s'étire entre la Piazza di Spagna et la Piazza del Popolo : un quartier central à la fois chic, élégant et très touristique.

Explorer

L'essentiel en un jour

Commencez par un petit-déjeuner à l'**Antico Caffè Greco** (p. 62), ancien refuge des poètes romantiques, avant de vous diriger vers la **Piazza di Spagna** et l'**escalier de la Trinité-des-Monts** (p. 56). En haut de l'escalier de l'**église de la Trinité-des-Monts** (chiesa della Trinità dei Monti, p. 57), la vue sur les toits est splendide. Et tant que vous y êtes, visitez les **jardins du Pincio** (p. 60) et la **Villa Médicis** (p. 60).

Redescendez les escaliers pour aller goûter les pâtes de **Pastificio** (p. 61). Après cela, empruntez la **Via Margutta** (p. 61), charmante ruelle où résida Federico Fellini. Poursuivez ensuite jusqu'à la **Piazza del Popolo** (p. 59) et sa basilique riche en œuvres d'art, la **Basilica di Santa Maria del Popolo** (p. 59). Puis cap sur le **Museo dell'Ara Pacis** (p. 60) afin d'y admirer d'antiques constructions romaines en pierre. Puis faites un peu de shopping dans les boutiques de la Via del Corso, de la **Via dei Condotti** (p. 64 ; photo à gauche) et de la Via del Babuino, en vous offrant un tiramisu chez **Pompi** (p. 62) pour reprendre des forces.

Commencez la soirée par un verre à **Il Palazzetto** (p. 62) avant d'aller dîner à la **Fiaschetteria Beltramme** (p. 60). Et pour bien terminer la journée, sirotez un cocktail en compagnie des célébrités au **Stravinskij Bar** (p. 64).

👁 Les incontournables

Escalier de la Trinité-des-Monts et Piazza di Spagna (p. 56)

❤ Le meilleur du quartier

Histoire
Basilica di Santa Maria del Popolo (p. 59)

Se restaurer
Imàgo (p. 61)

Fatamorgana Corso (p. 62)

Bars et vie nocturne
Zuma Bar (p. 63)

Architecture
Museo dell'Ara Pacis (p. 60)

Shopping
Re(f)use (p. 64)

Gente (p. 65)

Manila Grace (p. 65)

Comment y aller

M Métro Tridente est très bien desservi par les deux stations Spagna et Flaminio, sur la ligne A.

🚌 Bus De nombreux bus s'arrêtent à l'extrémité sud de la Via del Corso ainsi que sur la Via del Tritone, ce qui est parfait pour rejoindre Tridente.

Incontournable
Escalier de la Trinité-des-Monts et Piazza di Spagna

Pôle d'attraction des visiteurs depuis le XVIIIe siècle, l'escalier de la trinité-des-Monts (Scalinata della Trinità dei Monti), qui domine la Piazza di Spagna, fait un parfait perchoir pour observer la rue. Tout le monde vient y faire un selfie et les mariés y prennent la pose. À la fin du XVIIIe siècle, les Anglais qui faisaient le Grand Tour appréciaient tant ce quartier que les habitants l'avaient rebaptisé *il ghetto inglese* (le ghetto anglais).

- Plan p. 58, D4
- M Spagna

Escalier de la Trinité-des-Monts, avec la fontaine de la Barcaccia au premier plan

Escalier de la Trinité-des-Monts et Piazza di Spagna

Les marches
S'élevant au-dessus de la Piazza di Spagna (ainsi nommée en référence à la proximité de l'ambassade d'Espagne au Saint-Siège), l'escalier de 135 marches de la Trinité-des-Monts, conçu par Francesco De Sanctis, et construit en 1725 grâce à des fonds français, mène à la Chiesa della Trinità dei Monti. Il resplendit à nouveau depuis septembre 2016 et la restauration financée par le joaillier italien Bulgari.

Keats-Shelley House
C'est dans cette **maison-musée** (06 678 42 35 ; www.keats-shelley-house.org ; Piazza di Spagna 26 ; tarif plein/réduit 5/4 € ; 10h-13h et 14h-18h lun-sam ; M Spagna), près de l'escalier de la Trinité-des-Monts, que mourut le poète John Keats en février 1821, à l'âge de 25 ans. Souffrant de tuberculose, Keats était venu à Rome en 1820 dans l'espoir que le climat italien serait bénéfique pour sa santé.

Église de la Trinité-des-Monts
Cette **église** (plan p. 58 ; 06 679 41 79 ; Piazza Trinità dei Monti 3 ; 7h30-20h mar-ven, 10h-17h sam-dim ; M Spagna), dont la construction fut ordonnée par le roi Louis XII, fut consacrée en 1585. De l'extérieur, on jouit d'une vue sensationnelle sur les toits de Rome. L'église recèle de belles fresques maniéristes réalisées par Daniele de Volterra. Sa *Déposition de Croix*, dans la deuxième chapelle sur la gauche, est considérée comme un chef-d'œuvre de la peinture maniériste.

Fontana della Barcaccia
Au pied de l'escalier, la Barcaccia (1627), une fontaine figurant une barque en train de prendre l'eau, est attribuée à Pietro Bernini, le père du Bernin. Elle est alimentée par l'ancien aqueduc romain Acqua Vergine.

☑ À savoir

▶ De grâce pas de pique-nique sur les marches ! Il est interdit de boire, de manger, de "crier, brailler, chanter" sur cet escalier superbement restauré. Les contrevenants risquent une amende de 25 à 500 €.

▶ Une photo irrésistible : des centaines de pots d'azalées rose vif ornent les marches lors de la Mostra delle Azalee, une exposition florale qui a lieu fin mars-début avril.

▶ Pour éviter d'avoir à grimper les 135 marches, prenez l'ascenseur situé dans la station de métro Spagna.

✕ Une pause ?

Comme un Anglais faisant le Grand Tour, allez prendre le thé au Babington's Tea Rooms (p. 64), qui date du XIXe siècle, au pied de l'escalier de la Trinité-des-Monts.

Contemplez le coucher du soleil sur les marches depuis la fabuleuse terrasse du bar à cocktails Il Palazzetto (p. 63).

Piazza del Popolo

Voir

Piazza del Popolo
PLACE

1 ⊙ Plan p. 58, A1

Cette place impressionnante fut créée en 1538 afin d'offrir une entrée grandiose à ce qui était alors la principale porte nord de Rome. Elle a été depuis remaniée à plusieurs reprises, la dernière fois par Giuseppe Valadier en 1823. Du côté sud se trouvent deux églises jumelles du XVIIe siècle que l'on doit à Carlo Rainaldi, la **Chiesa di Santa Maria dei Miracoli** (plan p. 58 ; Via del Corso 528 ; ⊙6h45-12h30 et 16h30-19h30 lun-sam, 8h-13h15 et 16h30-19h45 dim) et la **Chiesa di Santa Maria in Montesanto** (Chiesa degli Artisti ; plan p. 58 ; www.chiesadegliartisti.it ; Via del Babuino 198 ; ⊙17h30-20h lun-ven, 11h-13h30 dim). Au centre, l'**obélisque** de 36 m fut rapporté d'Égypte par Auguste. Il se dressait à l'origine au Circo Massimo. (MFlaminio)

Basilica di Santa Maria del Popolo
BASILIQUE

2 ⊙ Plan p. 58, A1

Elle compte parmi les plus anciennes et les plus riches églises Renaissance de Rome. Parmi les nombreuses œuvres d'art exposées, ce sont deux chefs-d'œuvre du Caravage qui captivent le plus les visiteurs : la *Conversion de saint Paul* (1961) et la

Crucifixion de saint Pierre (1601), dans la chapelle à gauche de l'autel principal. Mais elle renferme d'autres très belles pièces, notamment du Pinturicchio et du Bernin, ainsi que les tout premiers vitraux de Rome. (www.smariadelpopolo.com ; Piazza del Popolo 12 ; ⊙10h30-12h30 et 16h-18h30 lun-jeu, 10h30-18h30 ven-sam, 16h30-18h30 dim ; ⓂFlaminio)

Villa Médicis PALAIS

 Plan p. 58, D2

Ce somptueux palais Renaissance fut construit pour le cardinal Ricci da Montepulciano en 1540, mais il fut racheté par Ferdinand de Médicis en 1576. Il est resté aux mains des Médicis jusqu'en 1801, époque à laquelle Napoléon en fit l'acquisition pour l'Académie de France à Rome. Différents types de visites guidées, qui ont lieu du mardi au dimanche, permettent de découvrir les magnifiques **jardins** paysagers, les **appartements peints** du cardinal et les somptueuses **vues** sur Rome. Remarquez les fragments de sculptures antiques provenant de l'Ara Pacis sertis dans les murs de la façade. (📞06 676 13 11 ; www.villamedici.it ; Viale Trinità dei Monti 1 ; visite guidée 1h30 tarif plein/réduit 12/6 € ; ⊙10h-19h mar-dim ; ⓂSpagna)

Jardins du Pincio JARDINS

 Plan p. 58, B1

Perchés sur la colline du Pincio, ces jardins aménagés au XIXᵉ siècle surplombent la Piazza del Popolo. Ils doivent leur nom à la famille Pinci qui possédait cette partie de Rome au IVᵉ siècle. La montée est rude depuis la place, mais arrivé en haut vous serez récompensé par une vue superbe sur la basilique Saint-Pierre et le Janicule. On peut aussi accéder au Pincio par l'escalier de la Trinité-des-Monts. Profitez de la visite des jardins pour explorer la Villa Borghèse, la Villa Médicis et/ou l'église de la Trinité-des-Monts (p. 57). (ⓂFlaminio)

Museo dell'Ara Pacis MUSÉE

 Plan p. 58, A4

Première construction moderne dans le centre historique depuis la Seconde Guerre mondiale, les très controversés pavillons de marbre et de verre de Richard Meier abritent l'*Ara Pacis Augustae* (autel de la Paix), grand monument édifié par l'empereur Auguste en l'honneur de la paix. Comptant parmi les œuvres les plus importantes de la sculpture romaine antique, ce grand arc de marbre (il mesure 11,6 m sur 10,6 m, sur 3,6 m) fut construit entre 13 et 9 av. J.-C. (📞06 06 08 ; www.arapacis.it ; Lungotevere in Auga ; tarif plein/réduit 11/9 € ; ⊙9h30-19h30 lun-sam ; ⓂFlaminio)

Se restaurer

Fiaschetteria Beltramme TRATTORIA €€

 Plan p. 58, B4

Une super adresse pour une authentique cuisine romaine près des escaliers de la Trinité-des-Monts. Dans cette minuscule Fiaschetteria (ou "marchand de vin"), qui date de 1886, le temps semble s'être arrêté et la courte carte se limite à des plats traditionnels dont les recettes datent des années 1930 quand elle a commencé à servir de la cuisine. Clientèle très mode et carbonaras parfaites. (☏06 6979 7200 ; Via della Croce 39 ; repas 40 € ; ⏱12h15-15h et 19h30-22h45 ; ⓂSpagna)

Imàgo GASTRONOMIE €€€

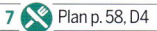 Plan p. 58, D4

La vue depuis ce restaurant romantique (une étoile au Michelin) installé sur le toit de l'Hassler Hotel embrasse un véritable océan de toits jusqu'à la coupole de la basilique Saint-Pierre (demandez la table en angle). On déguste ici une audacieuse cuisine italienne moderne concoctée par le chef Francesco Apreda, une star de la gastronomie. (☏06 6993 4726 ; www.imagorestaurant.com ; Piazza della Trinità dei Monti 6, Hotel Hassler ; menus dégustation 120/150 € ; ⏱19h-22h30 fév-déc ; ⓂSpagna)

Ginger BRASSERIE €€

 Plan p. 58, C4

Un cadre carrelé de blanc, une ambiance animée, un service à toute heure, voilà une excellente adresse près du célèbre escalier. L'accent est mis sur le "slow food" bio, à base d'ingrédients AOP de saison. Il y en a pour tous les appétits : délicieux sandwichs à la baguette, "paniers" vapeur, salades plantureuses et plats sains tel le saumon à la mayonnaise à l'orange. (☏06 9603 6390 ; www.ginger.roma.it ; Via Borgognona 43 ; sandwichs 7-10 €, salades 9-14 €, repas 50 € ; ⏱10h-23h30 ; ⓂSpagna)

Pastificio RESTAURATION RAPIDE €

 Plan p. 58, C3

Vraie trouvaille pour ne pas se ruiner, cette échoppe de pâtes à l'ancienne (1918), avec son passe-plat, propose au déjeuner deux sortes de pâtes fraîchement cuisinées (si vous arrivez à la bonne heure), avec vin et eau inclus. Le fast food à l'italienne ! Trouvez un coin pour manger sur place entre les étagères garnies de paquets de pâtes ou emportez-les. (Via della Croce 8 ; pâtes, vin et eau 4 € ; ⏱13h-15h lun-sam ; ⓂSpagna)

100% romain
Via Margutta

Bordée d'antiquaires, de galeries d'art et de boutiques, la **Via Margutta** (plan p. 58, C2 ; ⓂSpagna) est l'une des plus jolies ruelles pavées piétonnes de Rome avec ses palais entrelacés de lierre, ses plantes décoratives en pot et sa fontaine monumentale. Elle doit son nom à une famille de barbiers du XVIe siècle, mais elle a surtout longtemps été associée à l'art et aux artistes. Picasso y travailla au n° 54 et les futuristes italiens y tinrent leurs premières réunions en 1917. Dans le célèbre film *Vacances Romaines* (1953), Audrey Hepburn et Gregory Peck s'y murmurent des mots doux au n°51.

Il Margutta VÉGÉTARIEN €€

10 Plan p. 58, B2

Cette élégante galerie d'art doublée d'un bar-restaurant est bondée au déjeuner de Romains attirés par son avantageux buffet à volonté. Tout est bio et le menu du soir propose des plats inventifs comme le tofu au gingembre mariné et aux tubercules fumés ou la chicorée grillée à la crème d'amande et à la mandarine confite. Les menus dégustation offrent une option végétalienne. (06 3265 0577 ; www.ilmargutta.bio ; Via Margutta 118 ; déj buffet semaine/week-end 15/25 € , repas 15-40 € ; 8h30-23h30 ; Spagna, Flaminio)

Pompi DESSERTS €

11 Plan p. 58, C3

Le plus célèbre fabricant de tiramisu (mot signifiant littéralement "tire-moi vers le haut") de Rome vend ce délicieux dessert à emporter. Outre la version classique, il propose des variantes (pistache, fraise, noisette, chocolat-banane, etc.). À déguster sur place (debout) ou à acheter en portions surgelées qui résistent quelques heures pour les manger chez vous. (www.barpompi.it ; Via della Croce 82 ; tiramisu 4 € ; 10h30-21h30 ; Spagna)

Babette ITALIEN €€€

12 Plan p. 58, B2

Babette est tenu par deux sœurs, auparavant rédactrices d'un magazine de mode, d'où son intérieur élégant avec briques apparentes et panneaux anciens peints à la main. La cuisine, délicieuse, témoigne d'une certaine créativité, par exemple, les *tortiglioni* aux courgettes, safran et pesto à la pistache, suivis d'un râble de lapin au genièvre puis d'une *torta Babette* (un cheesecake au citron léger comme l'air). (06 321 15 59 ; www.babetteristorante.it ; Via Margutta 1d ; repas 50 € ; 13h-15h et 19h-22h45 mar-dim, fermé janv ; Spagna, Flaminio)

Fatamorgana Corso GLACIER €

13 Plan p. 58, B2

Les sublimes *gelati* aux ingrédients naturels et sans gluten de Fatamorgana sont sans doute les meilleures glaces artisanales de Rome. Au choix, parfums classiques ou plus innovants (poire et caramel), toujours fabriqués à partir des meilleurs ingrédients locaux et de saison. Il existe à plusieurs succursales en ville. (06 3265 2238 ; www.gelateriafatamorgana.com ; Via Laurina 10 ; 2/3/4/5 boules 2.50/3.50/4.50/5 € ; 12h-23h ; Flaminio)

Prendre un verre

Antico Caffè Greco CAFÉ

14 Plan p. 58, C4

Le plus ancien café de Rome, ouvert en 1760, conserve toute son élégance avec ses serveurs en habit, ses serveuses en tablier blanc, sa profusion de velours rouge et de miroirs dorés. Les prix reflètent cet héritage : assis, le cappuccino vous coûtera 9 € , mais faites comme les Romains en

Prendre un verre

Antico Caffè Greco

le prenant debout au bar, et il vous coûtera 2,50 €. (06 679 17 00 ; Via dei Condotti 86 ; 9h-21h ; MSpagna)

Il Palazzetto
CAFÉ, BAR À COCKTAILS

15  Plan p. 58, D3

Il n'y a pas plus belle terrasse où prendre un bon cocktail (1-13 €) en contemplant la vue sur l'escalier de la Trinité-des-Monts. On y accède en ascenseur depuis une discrète entrée sur l'étroite Via del Bottino ou en montant quelques marches depuis le haut de l'escalier. La terrasse étant découverte, le bar n'est ouvert que par beau temps. (06 6993 41000 ; Viccolo del Bottino 8 ; 12h-20h30 mar-dim, fermé par temps de pluie ; MSpagna)

Zuma Bar
BAR À COCKTAILS

16 Plan p. 58, B4

Faites-vous chic pour prendre un verre sur le toit-terrasse du Palazzo Fendi de la célèbre maison de couture, l'un des bars à cocktails les plus raffinés, les plus branchés et les plus sophistiqués de la capitale. La vue sur la ville est bien sûr fabuleuse, les cocktails ne manquent pas de piquant en associant par exemple shiso, baies de genièvre, fleur de sureau et *prosecco* ; et le week-end le DJ lance les playlists de Zuma. (06 9926 6622 ; www.zumarestaurant.com ; Via della Fontanella di Borghese 48, Palazzo Fendi ; 18h-1h dim-jeu, jusqu'à 2h ven-sam ; ; Via del Corso)

Caffè Ciampini CAFÉ

17 Plan p. 58, D3

Niché pas très loin à pied du haut de l'escalier de la Trinité-des-Monts en allant vers les jardins du Pincio, ce joli café ouvert en saison respire un charme désuet et bucolique avec ses treillages verts, ses orangers, ses nappes blanches et sa vue ravissante sur les petites rues derrière la piazza di Spagna. Ses glaces sont réputées, en particulier le *tartufo al cioccolato* (truffe au chocolat). Il fait aussi restaurant. (06 678 56 78 ; www.caffeciampini.com ; Viale Trinità dei Monti ; 8h-23h mars-oct ; MSpagna)

Stravinskij Bar BAR

18 Plan p. 58, B2

Vous ne pouvez vous offrir une chambre au célèbre Hotel de Russie ? Consolez-vous en prenant un verre dans son élégant bar. Il y a des canapés à l'intérieur, mais le mieux est de profiter de sa terrasse ensoleillée, avec ses tables à l'ombre et ses jardins en terrasses. Cette adresse romantique très *dolce vita* est l'endroit idéal pour un cocktail coûteux ou une bière, accompagné d'un en-cas chic. (06 3288 8874 ; Via del Babuino 9, Hotel de Russie ; 9h-1h ; MFlaminio)

Babington's Tea Rooms SALON DE THÉ

19 Plan p. 58, D4

En 1893, à une époque où le thé ne s'achetait qu'en pharmacie, deux femmes fondèrent ces Babington's Tea Rooms dans l'intention de servir le "tea time" aux nombreux touristes anglais à Rome. Et aujourd'hui encore on vient ici pour le "Cream Tea" traditionnel, les scones, muffins, cakes aux fruits, petits sandwichs ou pour les œufs au bacon du petit-déjeuner et autres spécialités culinaires britanniques. (06 678 08 46 ; www.babingtons.com ; Piazza di Spagna 23 ; 10h-21h15 ; MSpagna)

> **○ 100% romain**
> **Via dei Condotti**
>
> Les amateurs de lèche-vitrine et de shopping haut de gamme apprécieront la balade sur la **Via dei Condotti** (Plan p. 58, B4 ; MSpagna), la rue commerçante la plus chic de Rome. À l'extrémité est, le Caffè Greco (p. 62) était un lieu de rendez-vous prisé des écrivains des XVIIIe et XIXe siècles. Le quartier abrite aussi d'autres rues commerçantes élégantes, telles la Via Frattina, la Via della Croce, la Via delle Carrozze et la Via del Babuino.

Shopping

Re(f)use DESIGN

20 Plan p. 58, B4

Cette boutique présente les créations uniques de Carmina Campus et mérite vraiment le coup d'œil : tous les articles, sacs et bijoux principalement, sont faits à partir d'objets et de matériaux recyclés. Cette marque est l'enfant chéri de la styliste Ilaria Venturini Fendi (de *la* famille Fendi), fervente avocate de la mode éthique, qui crée des bracelets contemporains à partir de cannettes de bière et des sacs allurés à partir de matériaux recyclés. (📞 06 6813 6975 ; www.carminacampus.com ; Via della Fontanelle di Borghese 40 ; 🕙 11h-19h ; 🚇 Via del Corso)

Gente MODE ET ACCESSOIRES

21 🔒 Plan p. 58, C3

Cette boutique multi-marque a été la première à Rome à regrouper sous un même toit tous les grands créateurs de luxe, italiens, français, dont Dolce & Gabbana, Prada, Alexander McQueen, Sergio Rossi et Missoni. Une boutique incontournable pour quiconque s'intéresse vraiment à la mode.

Une nouvelle et étincelante boutique pour femmes a ouvert **Via Frattini** (📞 06 678 91 32 ; Via Frattini 93 ; 🚇 Via del Corso). (📞 06 320 7671 ; www.genteroma.com ; Via del Babuino 77 ; 🕙 10h30-19h30 lun-jeu, jusqu'à 20h ven-sam, 11h30-19h30 dim ; 🚇 Spagna)

Manila Grace MODE ET ACCESSOIRES

22 🔒 Plan p. 58, C5

Marque romaine incontournable pour les fans de mode qui aiment à se distinguer, Manila Grace joue avec audace du mélange de matériaux, de formes et d'imprimés pour créer un style unique. Du genre stilettos rouges avec pompon rose fuchsia et veste rayée ou sac doré avec bandoulière et fermoir en cuir tanné. Derrière la marque se cache la talentueuse styliste Alessia Santi. (📞 06 679 78 36 ; www.manilagrace.com ; Via Frattina 60 ; 🕙 10h-19h30 ; 🚇 Spagna)

Artisanal Cornucopia DESIGN

23 🔒 Plan p. 58, A2

Plusieurs élégantes boutiques indépendantes jalonnent la Via dell'Oca, dont ce concept store qui présente des créations exclusives faites à la main telles que des chapeaux d'Anthony Peto, des lampes-sculptures du romain Vincenzo Del Pizzo ou de délicats colliers en or de Giulia Barela. Il vend aussi des sacs, chaussures, bougies ou objets pour la maison. (📞 342 871 4597 ; www.artisanalcornucopia.com ; Via dell'Oca 38a ; 🕙 10h-19h ; 🚇 Flaminio)

Flumen Profumi PARFUMS

24 🔒 Plan p. 58, B4

Sur l'une des artères commerçantes les plus chics du Tridente, cet artisan parfumeur ne propose que des parfums uniques "made in Rome" : des parfums naturels combinant, sur une base d'huile, 4 à 8 notes de base évoquant *la dolce vita* italienne. *Incantro* associe fleur blanche et grenade tandis que *Ritrovarsi Ancora* évoque les repas de famille où l'on s'attarde autour de la table à la campagne. (📞 06 6830 7635 ; www.flumenprofumi.com ; Via della Fontanella di Borghese 41 ; 🕙 11h-14h et 15h30-20h lun-sam, 11h-14h et 15h-19h30 dim ; 🚇 Via del Corso)

Trevi et Quirinal

La colline du Quirinal abrite la célèbre fontaine de Trevi et l'imposant palais du Quirinal, ainsi que d'importantes églises conçues par les deux génies du baroque romain, le Bernin et Borromini. Avec ses nombreux palais-musées et galeries, le quartier est aussi un haut lieu artistique. Sans parler de la vue magnifique que la piazza del Quirinale offre sur les toits de Rome au coucher du soleil.

L'essentiel en un jour

Commencez la journée avec l'impressionnant **Palazzo del Quirinale** (p. 71), puis visitez la vaste collection privée de la **Galleria Colonna** (p. 71). Il est ensuite temps de vous octroyer une pause déjeuner chez **Colline Emiliane** (p. 74).

Poursuivez ensuite dans les splendeurs du baroque et de la Renaissance au **Palazzo Barberini** (p. 72), magnifique galerie d'art occupant l'un des grands palais de Rome. Visitez ensuite le plus étrange site de Rome : les cryptes du **Convento dei Cappuccini** (p. 73) où tout est fait en ossements humains. Pour vous remettre de cette vision macabre, prenez un verre au **Pepy's Bar** (p. 75).

Faites un crochet par la **fontaine de Trevi** (p. 68) pour y jeter une pièce afin d'être sûr de revenir à Rome et couronnez la journée par un festin toscan à la **Vineria Il Chianti** (p. 74) suivi par une soirée musique et whisky au **Gregory's Jazz Club** (p. 76).

Les incontournables

Fontaine de Trevi (p. 68)

♥ Le meilleur du quartier

Histoire
Fontaine de Trevi (p. 68)

Restaurant
Colline Emiliane (p. 74)

Culture
Gregory's Jazz Club (p. 76)

Comment y aller

M Métro La station la plus proche de la fontaine de Trevi et du Quirinal est celle de Barberini, sur la ligne A.

Bus De nombreux bus desservent la Piazza Barberini ou suivent la Via Veneto.

Les incontournables
Fontaine de Trevi

Plus célèbre fontaine de Rome, l'emblématique Fontana di Trevi est un chef-d'œuvre d'extravagance baroque conjuguant marbre blanc et cascades, figures de la mythologie et de l'histoire, rochers et végétaux. Imaginé par Nicolas Salvi en 1732, ce prodigieux ensemble architectural et sculptural se déploie sur 20 m de large et 26 m de haut. Au centre trône l'Océan sur son char conduit par des Tritons et des chevaux marins, l'un agité, l'autre calme, symboles des humeurs de la mer.

- Plan p. 70, B3
- Piazza di Trevi
- M Barberini

La Fontaine de Trevi, magnifiée par les éclairages nocturnes.

Fontaine de Trevi

Aqua Virgo
Provenant des sources de Salone, à 19 km, l'eau est acheminée par l'Aqua Virgo, un aqueduc souterrain de plus de 2 000 ans, construit sous Auguste par le général Agrippa. Le nom de Trevi fait référence aux *tre vie* (trois voies) qui convergent vers la fontaine.

L'urne de Salvi
À l'est de la fontaine se dresse une imposante urne en pierre. L'histoire raconte que, durant la construction de sa fontaine, Salvi fut accablé de critiques par un barbier qui avait son échoppe de ce côté. Pour boucher la vue de ce fâcheux et le faire taire, Salvi aurait fait poser cette urne.

Le rite de la pièce de monnaie
La tradition (célèbre depuis le film de 1954 *La Fontaine des amours*) veut qu'en jetant une pièce dans la fontaine, on s'assure de revenir un jour à Rome. Les quelque 3 000 € récoltés quotidiennement sont reversés à une association caritative catholique. Les recettes ont considérablement augmenté depuis que des mesures répressives sont prises contre ceux qui récupéraient les pièces pour leur compte.

Chiesa di Santissimi Vincenzo e Anastasio
Après avoir sacrifié au rite du lancer de pièce porte-bonheur, faites un tour dans cette **église** (www.santivincenzoeanastasio.it ; Vicolo dei Modelli 73 ; 9h-13h et 16h-20h ; MBarberini), restructurée au XVIIe siècle, qui donne sur la fontaine. Connue à l'origine en tant qu'église papale du fait de sa proximité avec la résidence des papes sur le Quirinal, elle abrite les reliques de dizaines de papes, conservées dans des amphores à l'intérieur d'une minuscule chapelle fermée par une grille, sur la droite de l'abside. Cette pratique commencée sous le pape Pie Sixte V (1585–1590) se poursuivit jusqu'à ce que Pie X (1903–1914) y mette un terme.

☑ À savoir

▶ Le rite du lancer de pièce : dos à la fontaine, lancez la pièce de la main droite par-dessus l'épaule gauche.

▶ Il est strictement interdit de se baigner ou de mettre le pied dans la fontaine, de même que de manger ou de boire sur les marches menant à l'eau. Les contrevenants risquent de devoir payer une amende sur-le-champ pouvant atteindre 500 €.

▶ Dans la journée, il y a foule autour de la fontaine. Allez-y plutôt le soir quand elle est superbement éclairée.

✕ Une petite faim ?

San Crispino (06 679 39 24 ; www.ilgelatodisancrispino.com ; Via della Panetteria 42 ; pots environ 2,50 € ; 11h-24h30 dim-jeu, jusqu'à 1h30 ven-sam ; MBarberini) est la meilleure *gelateria* à proximité de la fontaine.

Vineria Il Chianti (p. 74) et Hostaria Romana (p. 74) sont deux tables authentiques proches de la fontaine.

70 Trevi et Quirinal

Nos adresses

- Les incontournables p. 68
- Voir p. 71
- Se restaurer p. 74
- Prendre un verre p. 75
- Sortir p. 76
- Shopping p. 76

Via Pastrengo
Via XX Settembre
Via Salanda
Via Cernaia
Via Parigi
Piazza della Repubblica
Piazza VE Orlando
Via VE Orlando
Repubblica
Via Torino
Piazza della Repubblica
Piazza dell'Esquilino

Via Leonida Bissolati
Via Carducci
San Bernardo
Chiesa di Santa Maria della Vittoria 7
Salita San Nicola da Tolentino
Via Firenze
Via Napoli
Via Modena
Via Nazionale
Via Agostino Depretis
Piazza del Viminale

Via di San Basilio
Via di San Nicola da Tolentino
TREVI
Via XX Settembre
Via delle Quattro Fontane
Palazzo Barberini 3
Barberini
Via San Vitale
Via Genova
Via Milano
Via del Boschetto
Via del Serpente

Convento dei Cappuccini 5
Via Vittorio Veneto
Piazza Barberini
Via della Purificazione
Via dei Giardini
Via Rasella
Quirinale
Via Piacenza
Via della Consulta
Via Parma
Via Nazionale

Via degli Artisti
Via degli Avignonesi 8 12
Via Rasella 11
Giardino del Quirinale
Traforo Umberto I
Palais du Quirinal 1
Piazza del Quirinale
Via XXIV Maggio

Via Francesco Crispi
Via Sistina
Via Capo le Case
Via dei Due Macelli
Via Zucchelli
Via in Arcione
Via delle Scuderie
Via della Dataria
Villa Colonna
Via della Pilotta
Le Domus Romane 2
Via IV Novembre

Piazza Mignanelli
Via Gregoriana
Piazza di Spagna
Via Borgognona 16
Via Frattina
Via Mario de' Fiori
Via della Vite
Via delle Mercede
Piazza di San Silvestro
COLONNA
Via del Tritone
Via della Panetteria
Lavatore
Fontaine de Trevi 10
Via di Santa Maria in Via
Via delle Muratte
Galleria Sciarra 6
Via Marco Minghetti 9
Via dell'Umiltà
Galleria Colonna
Piazza dei Santissimi Apostoli
Piazza

Via dei Condotti
Via del Gambero
Via del Corso
Piazza Colonna 15
Via del Corso

14
13

Palazzo del Quirinale

Voir

Palais du Quirinal PALAIS

1 ⦿ Plan p. 70, C3

Dominant la Piazza del Quirinale, l'immense Palazzo del Quirinale est la résidence officielle du président de la République. Durant près de trois siècles, ce fut celle des papes, avant d'être donnée en 1870 au nouveau roi d'Italie, puis en 1948 à l'État italien. Visites guidées uniquement, en réservant par téléphone au moins 5 jours à l'avance (le billet se récupère au centre d'information, Salita di Montecavallo 15) ou en achetant son billet sur www.coopculture.it. (✆06 3996 7557 ; www.quirinale.it ; Piazza del Quirinale ; visite guidée 75 min 1,5 €, 2h30 tarif plein/réduit 10/5 € ; ⊗9h30-16h mar, mer et ven-dim, fermé août ; Ⓜ Barberini)

Galleria Colonna GALERIE

2 ⦿ Plan p. 70, B4

Seule partie du Palazzo Colonna ouverte au public, cette galerie du XVIIe siècle abrite la collection privée de la famille Colonna. Ce n'est pas la plus grande collection de la ville mais, avec des œuvres de Salvatore Rosa, Guido Reni, Guercino et Annibale Carracci, elle vaut son pesant d'or. (✆06 678 43 50 ; www.galleriacolonna.it ; Via della Pilotta 17 ; tarif plein/réduit 12/10 € ; ⊗9h-13h15 sam, fermé août ; ▯Via IV Novembre)

Palazzo Barberini
PALAIS-MUSÉE

3 Plan p. 70, C2

Commandé pour célébrer l'accession de la famille Barberini à la papauté, le Palazzo Barberini est un somptueux palais baroque qui impressionne avant même que l'on ne soit entré à l'intérieur pour admirer ses œuvres d'art. Plusieurs architectes de renom y ont travaillé, notamment le Bernin et Borromini : le premier a contribué au grand escalier carré, le second à un escalier hélicoïdal. Parmi les chefs-d'œuvre, ne manquez pas la spectaculaire fresque *Il Trionfo della Divina Provvidenza* (le Triomphe de la Divine Providence ; 1632-1639) peinte par Pierre de Cortone au plafond du salon du 1er étage. (Galleria Nazionale d'Arte Antica ; 06 481 45 91 ; www.barberinicorsini.org ; Via delle Quattro Fontane 13 ; tarif plein/réduit 5/2,50 € ; avec le Palazzo Corsini 10/5 € ; 8h30-19h mar-dim ; MBarberini)

Le Domus Romane di Palazzo Valentini
SITE ARCHÉOLOGIQUE

4 Plan p. 70, B4

Sous ce palais qui abrite le siège de la Province de Rome depuis 1873, on a retrouvé les vestiges de riches villas antiques. Une mise en scène multimédia vous replonge dans ce qu'elles étaient à l'époque. Visites toutes les 30 minutes, alternativement en italien, en anglais et en français. Réservez sur

---

Comprendre
Madones miraculeuses

Une petite peinture de la Vierge Marie surplombe le Vicolo delle Bollette, ruelle proche de la fontaine de Trevi. C'est la *Madonna della Pietà (Vierge de la Piété)*, l'une des plus célèbres *madonnelle* (petite madones) de Rome. Dans le centre historique de Rome, il y aurait quelque 730 de ces madones peintes ou sculptées placées le plus souvent à un coin de rue ou devant un palais. Beaucoup furent ajoutées aux XVIe et XVIIe siècles, mais la tradition remonte à l'époque païenne lorsque des petits sanctuaires étaient placés aux carrefours pour honorer les Lares, dieux du foyer censés protéger les passants. Au IVe siècle, avec l'émergence du christianisme, ces édicules sacrés furent reconvertis en y plaçant des images liées à la nouvelle religion. Leur présence était aussi censée dissuader les catholiques de commettre des crimes dans la rue.

Outre leur rôle spirituel, ces madones rendaient un service appréciable : avant le développement de l'éclairage public au XIXe siècle, les bougies ou lampes qui éclairaient ces images pieuses étaient les seules sources de lumière dans la rue.

Internet ou par téléphone, surtout en haute saison. (☏ 06 2276 1280 ; www.palazzovalentini.it ; Via Foro Traiano 85 ; tarif plein/réduit 12/8 €, frais de réservation 1,50 € ; ⏱9h30-18h30 mer-lun ; ♿ ; Ⓜ Barberini)

Convento dei Cappuccini MUSÉE

 Plan p. 70, C1

Ce complexe monastique est peut-être le site le plus étrange de Rome : dans les cryptes, tout est fait en os humains, des cadres aux torchères. Les capucins ont utilisé les ossements de près de 4 000 de leurs frères défunts pour composer ce *memento mori* ("Souviens-toi que tu vas mourir") - un couloir de 30 m de long comportant six cryptes, chacune nommée d'après le type d'os utilisé pour la décorer : crâne, mandibule, pelvis, etc. (☏ 06 487 11 85 ; www.cappucciniviaveneto.it ; Via Vittorio Veneto 27 ; tarif plein/réduit 8,5/5 € ; ⏱9h-19h ; Ⓜ Barberini)

Galleria Sciarra MONUMENT

 Plan p. 70, A3

À l'ouest de la fontaine de Trevi, suivez la Via delle Muratte piétonne, puis obliquez vers le sud pour découvrir cette magnifique galerie Art Nouveau cachée Via Marco Minghetti. Il s'agit en fait de la cour du Palazzo Sciarra Colonna di Carbognano, du XVIIe siècle, que la riche famille Sciarra a fait moderniser en 1890 avec une structure en fer et verre et des fresques célébrant les vertus

Bon plan

Couchers du soleil sur le Quirinal

La **Piazza del Quirinale** (plan p. 70, B4 ; Ⓜ Barberini), devant le palais présidentiel, est l'un des meilleurs endroits pour admirer Rome dans la splendeur du couchant. Au fur et à mesure que la pénombre s'installe, le ciel se pare d'une éclatante teinte dorée, et le regard embrasse l'océan des toits jusqu'à la lointaine coupole de la basilique Saint-Pierre.

de la Femme. Admirez la Forte, la Patiente, la Modeste, la Bénigne ainsi que les Romaines aristocratiques dans leurs rôles traditionnels d'épouse, de mère, de musicienne, etc. (Via Marco Minghetti 9-10 ; ⏱9h-20h lun-ven ; Ⓜ Barberini)

Chiesa di Santa Maria della Vittoria ÉGLISE

 Plan p. 70, E1

Cette modeste église baroque sert d'improbable écrin à une œuvre extraordinaire : la très sensuelle *Santa Teresa trafitta dall'amore di Dio* (l'Extase de sainte Thérèse) du Bernin. Cette sculpture audacieuse représente la sainte, flottant sur un nuage, en pleine extase, tandis qu'un ange la transperce à plusieurs reprises d'une flèche dorée. (☏ 06 4274 0571 ; Via XX Settembre 17 ; ⏱8h30-12h et 15h30-18h ; Ⓜ Repubblica)

100% romain
Un caffè

Prendere un caffè (prendre un café) fait partie des grands rituels de la vie des Romains. En règle générale, ils prennent un café au bar le matin avant le travail, puis un autre après le déjeuner. Pour faire comme eux, demandez *un caffè* (le terme *espresso* est peu utilisé) et buvez-le debout au bar. Et ne commandez jamais un cappuccino après le déjeuner !

Se restaurer

Colline Emiliane   ITALIEN €€€

8 Plan p. 70, C2

Outre sa formidable cuisine de la région de l'Émilie-Romagne, ce petit restaurant aux tables nappées de blanc se distingue par son ambiance familiale et son accueil débordant de chaleur. Fief de la famille Latini depuis les années 1930, il est aujourd'hui tenu par le fils Luca, sa mère Paola (reine des desserts), sa tante Anna (on la voit dans son officine vitrée préparer les pâtes fraîches tous les matins) et le père Massimo. (06 481 75 38 ; www.collineemiliane.com ; Via degli Avignonesi 22 ; repas 45 € ; 12h45-14h45 et 19h30-22h45 mar-dim, fermé dim dîner et lundi ; M Barberini).

Bistro del Quirino   ITALIEN €

9 Plan p. 70, A3

Vous cherchez le meilleur rapport qualité-prix aux alentours de la fontaine de Trevi ? Alors réservez une table au bistrot du Teatro Quirino, adresse bien connue des Romains pour son cadre spacieux et pittoresque avec toutes ses affiches de théâtre, et sa formule buffet "brunch" aux formidables salades, antipasti, plats chauds et froids. (06 9887 8090 ; www.bistrotquirino.com ; Via delle Vergini 7 ; brunch 10 €, à la carte 25 € ; 12h-15h30 et 16h-2h ; Via del Corso).

Vineria Il Chianti   TOSCAN €€

10 Plan p. 70, B3

Dans ce joli bar à vins, couvert de lierre, attablez-vous en terrasse ou dans la salle douillette tapissée de bouteilles de vin pour savourer de délicieux plats toscans tels que le *stracotto al Brunello* (bœuf braisé au Brunello) ou les pâtes fraîches au *lardo di Colonnata* (lard aromatique conservé dans des vasques en marbre de Carrare). (06 679 24 70 ; www.vineriailchianti.com ; Via del Lavatore 81-82a ; repas 45 € ; 10h-1h ; Via del Tritone).

Hostaria Romana   TRATTORIA €€

11 Plan p. 70, C2

Vivement recommandée pour déjeuner ou dîner à proximité de la fontaine de Trevi, cette trattoria, à l'ambiance bruyante et animée comme il se doit, attire une clientèle de Romains et de touristes par ses plats de viande classiques : côtes d'agneau grillées, côtes de veau, cochon de lait rôti ou steaks. N'oubliez pas de signer sur les murs

Penne à la sauce tomate et au parmesan

avant de partir. (06 474 52 84 ; www.hostariaromana.it ; Via del Boccaccio 1 ; repas 40 € ; 12h30-15h et 19h15-23h lun-sam ; MBarberini)

Prendre un verre

Pepy's Bar CAFÉ

12 Plan p. 70, C2

Jouez les Romains : attablez-vous sur l'étroite terrasse de ce café de quartier pour prendre un verre tranquillement de jour ou de nuit avec sous les yeux le jaillissement des fontaines et le défilé des *motorini* sur la Piazza Barberini. Ses sandwichs au pain de mie, servis à toute heure, sont juste parfaits et presque trop beaux pour être mangés.

(06 4040 2364 ; www.pepysbar.it ; Piazza Barberini 53 ; 7h-2h ; ; MBarberini)

Moma CAFÉ

13 Plan p. 70, D1

Molto tendance : ce café-restaurant est une adresse prisée des employés des bureaux voisins. Au rez-de-chaussée se trouve un café où l'on boit debout, avec une belle petite terrasse qui permet de se prélasser en dégustant son café et de délicieux *dolcetti* (sucreries). L'étage abrite un restaurant de *cucina creativa* (cuisine créative). (06 4201 1798 ; www.ristorantemoma.it ; Via di San Basilio 42 ; menu dégustation 55 € ; 8h-minuit lun-sam sept-juil ; MBarberini)

Sortir

Gregory's Jazz Club
MUSIQUE LIVE

14 ⭐ Plan p. 70, B1

Avis aux amateurs de jazz : après un whisky au bar, montez à l'étage pour vous affaler dans un des canapés moelleux en écoutant les musiciens locaux qui jouent ici. Bonne ambiance. (📞06 679 63 86 ; www.gregorysjazz.com ; Via Gregoriana 54d ; verre obligatoire 15-20 € ; 🕐20h-2h mar-dim ; Ⓜ Barberini, Spagna)

Shopping

Galleria Alberto Sordi
CENTRE COMMERCIAL

15 Plan p. 70, A3

Apparu dans le film d'Alberto Sordi *Poussière d'étoiles* (1973), cet élégant centre commercial a été depuis renommé en l'honneur de l'acteur, décédé en 2003. C'est un endroit tranquille avec des boutiques comme Zara ou Feltrinelli, et un café-terrasse idéal pour une petit-pause. (📞06 6919 0769 ; www.galleriaalbertosordi.it ; Piazza Colonna, Galleria Piazza Colonna ; 🕐8h30-21h lun-sam, 9h30-21h dim ; 🚌Via del Corso)

Fausto Santini
CHAUSSURES

16 🔒 Plan p. 70, A1

Chausseur le plus réputé de Rome, Fausto Santini est connu pour ses créations aux lignes épurées, à la qualité irréprochable : magnifiques bottes et chaussures dans un cuir souple exceptionnel aux couleurs superbes. Si les prix dépassent vos moyens, il a aussi une **boutique dégriffée** (📞06 488 09 34 ; Via Cavour 106 ; 🕐10h-13h et 15h30-19h30 mar-ven, 10h-13h et 15h-19h30 sam ; Ⓜ Cavour). (📞06 678 41 14 ; www.faustosantini.com ; Via Frattina 120 ; 🕐11h-19h30 lun-sam, jusqu'à 19h dim ; Ⓜ Spagna)

Comprendre
Rome à l'écran

L'âge d'or
L'âge d'or du cinéma romain a débuté juste après-guerre quand Roberto Rossellini (1906-1977) réalisa trois chefs-d'œuvre néoréalistes. Le premier et le plus célèbre, *Roma città aperta* (Rome ville ouverte ; 1945), fut tourné dans le quartier de Prenestina, à l'est du centre-ville. Autre chantre du néoréalisme, Vittorio de Sica (1901–1974) tourna également dans les banlieues romaines *Ladri di biciclette* (Le voleur de bicyclettes ; 1948).

Federico Fellini (1920-1994) prit la relève de la créativité cinématographique pour plusieurs décennies. Après s'être inscrit dans la veine néoréaliste, il évolua ensuite vers un style exigeant et fantasmagorique, foisonnant de symboles, d'humour, de merveilleux, de poésie et de tragique. Son plus grand succès international fut *La Dolce Vita* (1960), avec Marcello Mastroianni et Anita Ekberg. Pier Paolo Pasolini, quant à lui, prolongea la vague néo-réaliste avec ses premiers films tournés dans les faubourgs miséreux de Rome, les *borgate* (*Accatone*, 1961 ; *Mamma Roma*, 1962).

Réalisateurs contemporains
Natif de Naples et Romain d'adoption, Paolo Sorrentino (né en 1970) est le grand nom du cinéma italien actuel. Après avoir remporté l'Oscar du meilleur film étranger pour *La grande bellezza* (2013), il a dirigé Michael Caine et Harvey Keitel dans *Youth* (2015) et Jude Law dans *The Young Pope* (2016), une superbe série, parfois surréaliste, sur le Vatican et ses intrigues.

Si Sorrentino est un réalisateur napolitain surtout connu pour un film sur Rome, Matteo Garrone (né en 1968) est, à l'inverse, un réalisateur romain surtout connu pour un film sur Naples : *Gomorra* (2008), un portrait cinglant de la mafia napolitaine (*Camorra*) qui a connu un large succès.

Plus récemment, Emanuele Crialese (né en 1965) a fait impression avec son *Terraferma* (2011), une réflexion sur l'effet de l'immigration, et Lamberto Sanfelice a été applaudi au Sundance Film Festival 2015 pour *Cloro*, un drame centré autour d'une jeune fille qui se bat pour réaliser son rêve malgré une tragédie familiale.

100% romain
San Lorenzo et Il Pigneto

Comment y aller

🚌 Les bus nos 71 et 492 rejoignent San Lorenzo ; les bus nos 81, 810, 105 et n12 desservent le Pigneto.

🚊 Le tram n°3 dessert San Lorenzo, les trams nos 5, 14 ou 19 se rendent au Pigneto.

Enclave estudiantine animée à l'est de la Stazione Termini, San Lorenzo est un quartier aux rues couvertes de graffitis, concentrant ateliers d'artistes, petites échoppes de plats à emporter et restaurants branchés. Hormis une basilique d'importance, les sites traditionnels sont rares. Dès la nuit tombée cependant, place à l'animation. Au sud-est, l'ancien quartier ouvrier du Pigneto est désormais l'un des plus tendance de la capitale. Truffé de bars, il rassemble une foule de fêtards, de hipsters et de citadins branchés.

San Lorenzo et Il Pigneto

❶ Basilique Saint-Laurent-hors-les-Murs

Comptant parmi les quatre basiliques patriarcales de Rome, la superbe **Basilica di San Lorenzo Fuori le Mura** (Piazzale San Lorenzo ; 8h-12h et 16h-18h30 ; Piazzale del Verano) a été bâtie là où fut inhumé saint Laurent. Endommagée lors de la Seconde Guerre mondiale, elle a gardé un beau pavement cosmatesque et un portique à fresque du XIIIe siècle.

❷ Cimitero di Campo Verano

À côté de la basilique, le **Cimitero di Campo Verano** (06 4923 6349 ; www.cimitericapitolini.it ; Piazzale del Verano 1 ; 7h30-18h avr-sept, 7h30-17h oct-mars ; Piazzale del Verano) est un lieu très émouvant. Traversé d'avenues où s'alignent des tombes grandioses, le plus grand cimetière de Rome date de l'occupation française (1804-1814).

❸ Chocolat à la Said

Dans une usine des années 1920, la **Said** (06 446 92 04 ; www.said.it ; Via Tiburtina 135 ; repas 50 € ; 18h-0h30 lun, 10h-0h30 mar-jeu, 10h-1h30 sam, 10h-0h dim ; Via Tiburtina, Via dei Reti) est à la fois une boutique de chocolats, un bar (goûtez le chocolat chaud) et un restaurant de cuisine créative.

❹ Dégustation de vin à Il Sori

Bar à vins et *bottega* (épicerie), **Il Sorì** (393 4318661 ; www.ilsori.it ; Via dei Volsci 51 ; 19h30-2h lun-sam ; Via Tiburtina) ne sert pas une tranche de salami ni un morceau de fromage qui n'ait été soigneusement sélectionné chez les meilleurs artisans et producteurs d'Italie. Une halte qui ravira les gourmets !

❺ Dîner au Tram Tram

Trattoria à l'ancienne avec ses rideaux de dentelle, **Tram Tram** (06 49 04 16 ; www.tramtram.it ; Via dei Reti 44 ; repas 35-45 € ; 12h30-15h30 et 19h30-23h30 mar-dim ; Via Tiburtina, Via dei Reti) est une adresse ultrabranchée et courue. Tenue en famille, elle sert aussi bien des plats classiques romains que des fruits de mer des Pouilles.

❻ Détente chez Necci

Parmi les nombreux bars du Pigneto, essayez **Necci dal 1924** (06 9760 1552 ; www.necci1924.com ; Via Fanfulla di Lodi 68 ; 8h-2h ; ; Via Prenestina). Ce lieu décontracté, où Pasolini avait ses habitudes, accueille une clientèle éclectique, qui se rassemble sur la terrasse verdoyante pour prendre un verre ou s'offrir un dîner à base de produits de saison.

❼ Cocktails secrets

Les cocktails n'ont jamais été aussi cool à Rome : bar chic, le **Co.So** (06 4543 5428 ; Via Braccio da Montone 80 ; 19h-3h lun-sam ; Via Prenestina) est l'endroit du Pigneto où s'adonner au "carbonara sour" (à base de vodka à la graisse de porc) avant de traverser la rue pour s'enfoncer au **Spirito** (327 2983900 ; www.club-spirito.com ; Via Fanfulla di Lodi 53 ; 7h30-3h mer-lun ; Via Prenestina), un bar *speakeasy* dans le style de New York, dissimulé au fond d'une sandwicherie.

Explorer

Monti et Esquilin

Centré autour de la Stazione Termini, carrefour des transports, ce vaste quartier cosmopolite paraît à première vue bruyant et épuisant. Pourtant, entre ses rues embouteillées, il recèle de splendides églises, l'un des plus beaux musées d'art de Rome, le Palazzo Massimo alle Terme, et une foultitude de bars et restaurants branchés dans le quartier à la mode des Monti.

Explorer

L'essentiel en un jour

 Laissez derrière vous le chaos de Termini en pénétrant dans les salles paisibles du **Museo Nazionale Romano : Palazzo Massimo alle Terme** (p. 82), l'un des plus beaux musées romains. Admirez ses sculptures et ses fresques puis rejoignez la **basilique Sainte-Marie-Majeure** (p. 85) et, non loin, la **Basilica di Santa Prassede** (p. 87), réputée pour ses somptueuses mosaïques byzantines. Vous pouvez maintenant passer aux nourritures terrestres en déjeunant à la **Panella** (p. 87).

 Première étape de l'après-midi (mais après 15h), la **basilique Saint-Pierre-aux-Liens** (p. 86), qui abrite un chef-d'œuvre de Michel-Ange. Après quoi, avancez jusqu'aux Monti afin d'explorer les boutiques et ateliers en rejoignant le **Palazzo delle Esposizioni** (p. 86) afin de visiter une exposition.

 Passez la soirée dans le joli quartier des Monti. Après le dîner à **L'Asino d'Oro** (p. 88), à vous de choisir parmi la multitude de bars et de cafés du coin. **Ai Tre Scalini** (p. 87) est une adresse très courue.

👁 Les incontournables

Museo Nazionale Romano : Palazzo Massimo alle Terme (p. 82)

❤ Le meilleur du quartier

Histoire
Basilique Saint-Pierre-aux-Liens (p. 86)

Restaurants
Antonello Colonna Open (p. 87)
Mercato Centrale (p. 88)
Pasta Chef (p. 88)

Bars et vie nocturne
Ai Tre Scalini (p. 87)

Architecture
Basilique Sainte-Marie-Majeure (p. 85)

Comment y aller

M Métro Pour les Monti, le mieux est de descendre à la station Cavour (ligne B). Pour l'Esquilin, vous avez le choix entre les stations Termini (lignes A et B), Castro Pretorio (ligne B) et Vittorio Emanuele (ligne A).

Bus Principale plaque tournante, Termini offre des bus pour les quatre coins de la ville. Pour rejoindre les Monti, prenez un bus qui s'arrête Via Nazionale ou Via Cavour.

Les incontournables
Museo Nazionale Romano : Palazzo Massimo alle Terme

Ce lumineux musée, l'un des plus beaux de Rome, recèle une multitude de joyaux de l'art antique. Commencez la visite au 2e étage pour apprécier, d'un œil frais, l'extraordinaire beauté des fresques qui ornaient l'intérieur de grandes villas romaines. Vous n'en verrez nulle part ailleurs une image aussi complète !

- Plan p. 84, D2
- 06 3996 7700
- www.coopculture.it
- Largo di Villa Peretti 1
- tarif plein/réduit 7/3,50 €
- 9h-19h45 mar-dim
- M Termini

Fresque de la Villa de Livia représentant un grenadier, Palazzo Massimo alle Terme

Museo Nazionale Romano : Palazzo Massimo alle Terme

Fresques de la Villa de Livia

Au 2e étage sont présentées des fresques magnifiques inspirées de scènes de la nature, de la mythologie, de la vie quotidienne ou de l'imaginaire érotique et dont les coloris (à base de pigments coûteux) ont conservé une incroyable fraîcheur. Les plus extraordinaires ? Celles qui recouvraient une pièce entière - un *triclinium* d'été, vaste salle à manger à demi enterrée pour conserver la fraîcheur – de la villa de Livia, l'une des résidences de Livia Drusilla, épouse d'Auguste. Elles représentent un jardin paradisiaque empli de fleurs (roses, violettes, iris, grenadiers et autres), d'arbres et d'oiseaux figurés avec un gracieux réalisme sur fond de ciel bleu. L'éclairage, calqué sur les modulations de la lumière naturelle du jour, souligne la richesse de ces couleurs millénaires.

Parterres de mosaïques

Le 2e étage abrite aussi de superbes parterres de mosaïques, dont ceux de la Villa di Baccano, et de rares panneaux en *opus sectile* (technique utilisant des matériaux précieux de différentes formes et tailles) qui ornaient les murs de la Basilica di Giuno Basso (IVe siècle).

Portraits et bronzes

Le rez-de-chaussée et le 1er étage, consacrés à la sculpture, explorent l'art du portrait d'empereur en tant que propagande et présentent des fleurons de la statuaire comme le *Pugiliste* des Thermes, la *Niobide* blessée, l'*Aphrodite* accroupie provenant de la Villa Adriana, l'*Hermaphrodite endormi* (IIe siècle av. J.-C.) ou le *Discobole*. À noter aussi les ornements raffinés en bronze des navires de parade de Caligula.

☑ À savoir

▶ Le 1er dimanche du mois, l'entrée du musée est gratuite.

▶ Louez un audio-guide (5 €) au guichet principal.

▶ Le billet, valable 3 jours, donne aussi accès aux Terme di Diocleziano, au Palazzo Altemps et à la Crypta Balbi.

✗ Une petite faim ?

Les stands de nourriture du Mercato Centrale (p. 88) vendent à toute heure toutes sortes de bonnes choses : gâteau, café, en-cas, déjeuner ou dîner. Parfait pour reprendre des forces après la visite du musée !

Pour une pizza, allez dans la plus ancienne pizzeria de Rome, **Est Est Est** (Da Ricci ; ☎ 06 488 11 07 ; www.anticapizzeriaricciroma.com ; Via Genova 32 ; pizzas 6-15 € ; ⏰19h-24h mar-dim ; ✱ ; 🚇Via Nazionale), située dans une ruelle pavée à 10 minutes à pied.

84 Monti et Esquilin

Nos adresses

- Les incontournables p. 82
- Voir p. 85
- Se restaurer p. 87
- Prendre un verre p. 89
- Sortir p. 90
- Shopping p. 91

Intérieur de la basilique Sainte-Marie-Majeure

Voir

Basilique Sainte-Marie-Majeure BASILIQUE

1 Plan p. 84, C3

Comptant parmi les quatre basiliques patriarcales de Rome, ce monumental édifice du Ve siècle se dresse sur le sommet du mont Esquilin, à l'endroit même où de la neige serait miraculeusement tombée durant l'été 358. Pour commémorer l'événement, chaque année, le 15 août, une pluie de pétales blancs est lâchée sur les fidèles du haut du plafond à caissons de la basilique. Largement remaniée, la basilique possède une architecture hybride avec un clocher de style roman du XIVe siècle, une façade baroque du XVIIIe siècle, un intérieur essentiellement baroque et une série de superbes mosaïques du Ve siècle. (06 6988 6800 ; Piazza Santa Maria Maggiore ; basilique gratuite, musée tarif plein/réduit 3/2 € , musée et loggia 5/4 € ; 7h-19h, visite guidée loggia 9h30-17h45 ; Piazza Santa Maria Maggiore)

Museo Nazionale Romano : Terme di Diocleziano MUSÉE

2 Plan p. 84, D1

Les thermes de Dioclétien étaient les plus vastes de la Rome antique : s'étendant sur 13 ha, ils pouvaient accueillir environ 3 000 personnes. Aujourd'hui leurs vestiges font partie du Museo Nazionale Romano. Exposant épigraphes, bas-reliefs et objets archéologiques, le musée offre un aperçu fascinant de la vie romaine. À l'extérieur, le vaste cloître, construit à partir de dessins de Michel-Ange, est bordé de sarcophages antiques, de statues décapitées et d'immenses têtes d'animaux provenant, pense-t-on, du forum de Trajan. (📞06 3996 7700 ; www.coopculture.it ; Viale Enrico de Nicola 78 ; tarif plein/réduit 7/3,50 € ; ⏱9h-19h30 mar-dim ; Ⓜ Termini)

Domus Aurea   SITE ARCHÉOLOGIQUE

3 Plan p. 84, B5

Néron fit construire sa Domus Aurea après l'incendie de 64 (qu'il aurait, selon la rumeur, lui-même provoqué pour nettoyer les environs). Baptisée ainsi en raison de l'or qui recouvrait la façade et les intérieurs, la "Maison dorée" était une demeure immense s'étendant alors sur un tiers de la ville. Grâce aux techniques de réalité virtuelle, les visites guidées permettent d'apprécier l'ancienne splendeur de cette luxueuse villa à portiques. Réservation obligatoire. (Maison dorée ; 📞06 3996 7700 ; www.coopculture.it ; Viale della Domus Aurea ; adulte/-6ans 14 €/gratuit ; ⏱9h-16h45 sam-dim ; Ⓜ Colosseo)

Basilique Saint-Pierre-aux-Liens   BASILIQUE

4 Plan p. 84, B5

Les pèlerins et les amateurs d'art affluent dans cette basilique du Ve siècle pour deux raisons : le colossal *Moïse* (1505) de Michel-Ange et les chaînes qui, dit-on, retenaient saint Pierre lorsqu'il était prisonnier dans le Carcere Mamertino. L'entrée se fait par une volée de marches, dans la Via Cavour, qui donne sur des arcades. (Piazza di San Pietro in Vincoli 4a ; ⏱8h-12h30 et 15h-19h l'été, jusqu'à 18h l'hiver ; Ⓜ Cavour)

Palazzo delle Esposizioni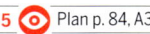

5 Plan p. 84, A3

Construit en 1882, cet immense palais néoclassique était à l'origine un centre d'exposition, avant de servir de siège au Parti communiste, de mess des soldats alliés et de bureau de vote. Aujourd'hui, c'est un splendide centre culturel doté d'immenses salles qui accueillent des expositions d'art à grand succès, des ateliers ainsi qu'une librairie, un café et un restaurant étoilé au Michelin, Antonello Colonna Open (voir ci-contre), qui sert un brunch et un déjeuner à prix attractif sous une superbe verrière. Des concerts, performances et projections de films ont aussi lieu ici à l'occasion. (📞06 3996 7500 ; www.palazzoesposizioni.it ; Via Nazionale 194 ; ⏱10h-20h mar-jeu et dim et jusqu'à 22h30 ven-sam ; 🚌Via Nazionale)

Piazza della Repubblica   PLACE

 Plan p. 84, C1

Flanquée de grandes arcades néoclassiques datant du XIXe siècle, cette place fut créée lors du grand réaménagement de Rome après l'unification de l'Italie. Elle épouse les contours semi-circulaires de l'*exedra* (portique garni de bancs) des thermes de Dioclétien, d'où son ancien nom de Piazza Esedra. (MRepubblica)

Basilica di Santa Prassede ÉGLISE

7 Plan p. 84, D4

Réputé pour ses mosaïques byzantines, ce joyau du IXe siècle est dédié à sainte Praxède. Cette jeune héroïne cacha des chrétiens fuyant la persécution et enterra ceux qu'elle n'avait pas pu sauver dans un puits (marqué par un disque en marbre sur le sol de la nef). (06 488 24 56 ; Via Santa Prassede 9a ; 7h-12h et 16h-18h30 ; Piazza Santa Maria Maggiore)

Se restaurer

Panella BOULANGERIE, CAFÉ €

 Plan p. 84, D5

Dans cette appétissante boulangerie, paradis des gourmets, tout est fraîchement préparé et tentant : tartelettes aux griottes ou à la crème, *pizza al taglio*, *arancini* et *focaccia* – rien que l'odeur est un délice ! Déjeunez assis sur un tabouret entre les étagères bourrées de produits d'épicerie ou, si vous avez de la chance, attablez-vous sur la jolie terrasse ensoleillée et fleurie, l'une des plus charmantes de Rome. (06 487 24 35 ; www.panellaroma.com ; Via Merulana 54 ; repas 7-15 € ; 8h-23h lun-jeu, jusqu'à 24h ven-sam, 8h30-16h dim ; MVittorio Emanuele)

Ai Tre Scalini BAR À VINS €€

9 Plan p. 84, A4

Véritable institution depuis 1895, "les Trois marches" semble toujours bondé, avec sa clientèle qui déborde jusque dans la rue. Passé sa porte violette, on a chaud au cœur devant son vaste choix de fromages, de salamis et de plats tels que des *polpette al sugo* (boulettes de viande en sauce) et son super assortiment de vins et bières. (06 4890 7495 ; www.aitrescalini.org ; Via Panisperna 251 ; repas 25 € ; 12h30-1h ; MCavour)

Antonello Colonna Open GASTRONOMIE €€€

10 Plan p. 84, A2

Magnifiquement situé à l'arrière du Palazzo delle Esposizioni, l'excellent restaurant étoilé du grand chef Antonello Colonna est niché sur une mezzanine sous un extraordinaire toit en verre. La nouvelle cuisine romaine est à l'honneur, les plats traditionnels étant revisités avec créativité et brio. Rapport qualité-prix imbattable pour le déjeuner-buffet à volonté et le brunch du week-end. Dès qu'il fait beau, on dîne à la fraîche sur le toit-terrasse. (06 4782 2641 ; www.antonellocolonna.it ; Via Milano 9a ; déjeuner/brunch 16/30 €, repas 16-100 € ; 12h30-15h30 et 20h-23h mar-sam, 12h30-15h30 dim ; ✱ ; Via Nazionale)

Temakinho
BRÉSILIEN-JAPONAIS €€

11 Plan p. 84, A4

Dans cette ville où la cuisine est majoritairement et résolument italienne, cet hybride brésilien-japonais proposant sushis et ceviche a quelque chose de très original. À côté des *caipirinhas*, qui combinent *cachaça*, sucre, citron vert et fruits frais, l'établissement propose des *sakehinhas* faites avec du saké. Pensez à réserver. (☏06 4201 6656 ; www.temakinho.com ; Via dei Serpenti 16 ; repas 40 € ; ⊙12h30-15h30 et 19h-0h ; MCavour)

L'Asino d'Oro
ITALIEN €€

12 Plan p. 84, A3

La cuisine exceptionnelle de Lucio Sforza trahit les origines ombriennes de ce formidable restaurant transplanté d'Orvieto. La carte simple mais pourtant innovante joue sur la richesse des arômes et des contrastes comme les boulettes d'agneau à la poire et au fromage bleu. Gardez une petite faim pour les desserts. Intime, décontractée et classe, c'est l'une des meilleures tables de Rome pour le prix. Le menu du déjeuner est une affaire. (☏06 4891 3832 ; www.facebook.com/asinodoro ; Via del Boschetto 73 ;menu déj en semaine 16 €, repas 45 € ; ⊙12h30-14h30 et 19h30-23h mar-sam ; MCavour)

Pasta Chef
RESTAURATION RAPIDE €

13  Plan p. 84, A4

"Buono, sano e veloce" (bon, sain et rapide), telle est la devise de ce temple de la restauration rapide où les chefs Mauro et Leopoldo préparent des bols de pâtes fumantes, cuites à la perfection, avec des sauces carbonara, *pomodoro e basilico* (tomate et basilique) ou autres pour une clientèle attentive aux prix. À noter aussi les lasagnes vertes et autres plats végétariens. Le dynamique duo donne des cours sur l'art de cuisiner les pâtes. (☏06 488 31 98 ; www.pastachefroma.it ; Via Baccina 42 ; pâtes 5-8 € ; ⊙12h30-21h30 lun-sam ; MCavour)

Aromaticus
CUISINE DIÉTÉTIQUE €

14 Plan p. 84, B4

Un concentré de santé. Installé dans une boutique qui vend plantes aromatiques et fleurs consommables, ce petit café propose nombre de salades créatives, soupes et gaspacho, tartare et carpaccio, jus de fruits et smoothies détox – à consommer sur place ou à emporter. (☏06 488 13 55 ; www.aromaticus.it ; Via Urbana 134 ; repas 10-15 € ; ⊙11h-15h et 18h-20h30 ; 📶 ; MCavour)

Mercato Centrale
MARCHÉ ET STANDS DE RESTAURATION €

15 Plan p. 84, D2

Havre pour voyageurs affamés, ce nouveau lieu de la gastronomie s'étage sur 3 niveaux, sous des plafonds voûtés des années 1930, à la Stazione Termini. C'est le dernier projet de l'astucieux Umberto Montano de Florence. Vous y trouverez des pains, pâtisseries, burgers végétariens, pâtes fraiches, truffes ou pizzas et certaines enseignes les plus prisées de la ville, dont Gabriele Bonci

Appétissants stands du Mercato Centrale

(pains, *focaccia* et pizza), Roberto Liberati (salami), Marcella Bianchi (végétarien). (www.mercatocentrale.it/roma ; Via Giolitt 36, Stazione Termini ; en-cas/plat à partir de 3/10 € ; 7h-24h ; ⛛ ; M Termini)

Prendre un verre

La Casetta a Monti CAFÉ
16 Plan p. 84, A5

De délicieux gâteaux et le meilleur saucisson au chocolat de la ville font la réputation de cet adorable café, grand comme une maison de poupée, tenu avec passion par Eugenio et Alessandro. Rénové de frais en 2017, il se niche dans une maison basse aux grandes fenêtres et à la façade noyée

Bon plan

Dégustation de vins

Avec des caves multiséculaires joliment agencées et une salle de dégustation très chic, **Vino Roma** (plan p. 84, B4 ; 📞 328 487 44 97 ; www.vinoroma.com ; Via in Selci 84g ; dégustation 2 heures 50 €/pers ; M Cavour) accompagne novices et experts à la découverte du vin, sous la houlette du talentueux sommelier Hande Leimer et de son équipe chevronnée. La maison propose aussi un dîner (60 €) avec des en-cas, des fromages et de la charcuterie pour accompagner les vins. Circuits gastronomiques de 4 heures très réputés. Réservations en ligne.

 **100% romain**

Pasticceria Regoli

Cette élégante **pasticceria** (plan p. 84, D4 ; ☎06 487 2812 ; www.pasticciaregoli.com ; Via dello Statuto 60 ; ⊙café 6h30-19h45 mer-dim, boutique jusqu'à 20h20 ; MVittorio Emanuele) a une telle cote depuis 1916 qu'il y a la queue le week-end à l'entrée. Elle doit sa réputation à ses *crostate* (tartes à la confiture recouvertes d'un quadrillage de pâtes) et à ses *maritozzi con panna* (choux fourrés à ras bord de crème fouettée) que vous pouvez déguster dans le café contigu – remarquez le passe-plat secret entre les deux, dissimulé par un miroir. Excellentes glaces aussi.

sous la verdure, dans le cœur pavé des Monti. Parfait pour petit-déjeuner, déjeuner, dîner et prendre un verre en musique. (☎06 482 7756 ; www.facebook.com/lacasettademonti ; Via della Madonna dei Monti 62 ; ⊙9h30-20h lun-jeu, jusqu'à 22h ven-sam, 8h30-21h dim ; 📶 ; MCavour)

La Bottega del Caffè   CAFÉ

17 Plan p. 84, A4

Sur l'une des plus jolies places des Monti, La Bottega del Caffè – nom tiré d'une comédie de Carlo Goldoni – est le lieu de rendez-vous idéal pour s'attarder autour d'un café, d'un verre, d'un en-cas ou d'un vrai repas. Terrasse chauffée l'hiver. (☎06 474 15 78 ; Piazza Madonna dei Monti 5 ; ⊙8h-2h ; 📶 ; MCavour)

Sortir

Teatro dell'Opera di Roma   OPÉRA, BALLET

18 Plan p. 84, C2

Le premier opéra de Rome arbore un bel intérieur à dorures et une façade des années 1920. C'est ici qu'eut lieu la première de la *Tosca* de Puccini et Maria Callas y chanta. Représentations entre septembre et juin. (☎06 48 16 01 ; www.operaroma.it ; Piazza Beniamino Gigli 1 ; ⊙guichets 10h-18h lun-sam, 9h-13h30 dim ; MRepubblica)

Blackmarket   MUSIQUE LIVE

19 Plan p. 84, B3

Un peu à l'écart du principal carrefour des Monti, ce charmant bar a des allures de salon de grand-mère avec son mobilier ancien et dépareillé. Des concerts acoustiques indie et folk y sont organisés. (www.blackmarketartgallery.it/monti ; Via Panisperna 101 ; ⊙19h30-2h ; MCavour)

Charity Café   MUSIQUE LIVE

20 Plan p. 84, A3

Espace étroit, tables hautes, éclairage tamisé et ambiance décontractée : un endroit rêvé pour se détendre en écoutant un bon concert de jazz et de blues. Sophistiqué et tranquille, cet établissement incarne tout l'esprit des Monti. Les concerts débutent habituellement vers 22h, avec un *aperitivo*. (☎06 4782 5881 ; www.

charitycafe.it ; Via Panisperna 68 ; ⊙19h-2h mar-dim ; MCavour)

Shopping

Tina Sondergaard
MODE ET ACCESSOIRES

21 Plan p. 84, A4

Coupes sublimes et fantaisies rétro pour ces vêtements de femme faits main qui remportent un vif succès auprès des connaisseuses, notamment la rock star italienne Carmen Consoli ainsi que des gens de cinéma et de télévision. Comptez environ 150 € pour une robe. Les retouches sont comprises dans le prix. (☎334 385 07 99 ; Via del Boschetto 1d ; ⊙15h-19h30 lun, 10h30-13h et 13h30-19h30 mar-sam, fermé août ; MCavour)

Feltrinelli International
LIVRES

22 Plan p. 84, B1

Excellente sélection de livres en italien, français, anglais, allemand, espagnol et portugais. On y trouve tout : best-sellers récents, dictionnaires, guides de voyage, DVD et un grand choix de cartes. (☎06 482 78 78 ; www.lafeltrinelli.it ; Via VE Orlando 84-86 ; ⊙9h-20h lun-sam, 10h30-13h30 et 16h-20h dim ; MRepubblica)

Mercato Monti
MARCHÉ

23 Plan p. 84, A4

Vêtements et accessoires vintage, pièces uniques de créateurs… ce marché très tendance mérite bien une visite. (www.mercatomonti.com ; Via Leonina 46 ; ⊙10h-20h ven-dim sept-juin ; MCavour)

La Bottega del Cioccolato
ALIMENTATION

24 Plan p. 84, A4

Un univers exotique, tenu par la jeune génération d'une longue lignée de chocolatiers, avec des murs cramoisis, des vitrines à l'ancienne, des effluves divins provenant de l'atelier et d'appétissants chocolats maison. Chocolat chaud, noir, au lait ou aux noisettes et lait de poule à emporter. (☎06 482 14 73 ; www.labottegadelcioccolato.it ; Via Leonina 82 ; ⊙9h30-19h30 ; MCavour)

Abito
MODE ET ACCESSOIRES

25 Plan p. 84, A4

Wilma Silvestre, fondateur de la griffe locale Le Gallinelle, dessine des vêtements à la fois élégants et originaux. Ici, dans sa boutique des Monti, vous pourrez découvrir son style chic et décontracté et acheter les articles exposés sur les présentoirs. (☎06 488 10 17 ; www.legallinelle.it ; Via Panisperna 61 ; ⊙11h-20h lun-sam, 15h-20h dim ; MCavour)

Les incontournables
La Via Appia Antica

Comment y aller

Ⓜ 🚌 Depuis la Stazione Termini : prendre le métro ligne A jusqu'à la station Colli-Albani puis le bus n°660 jusqu'au terminus ; ou prendre la ligne B jusqu'au Circo Massimo puis le bus n°118 jusqu'à Via Appia Antica.

La Via Appia Antica (ou voie Appienne), surnommée la *Regina Viarum* (reine des routes) doit son nom à Appius Claudius Caecus, qui fit réaliser le premier tronçon de 90 km en 312 av. J.-C. Belle artère pavée, flanquée de champs verdoyants, de ruines antiques et de pins élancés, elle fut prolongée en 190 av. J.-C. jusqu'à Brindisi au sud de la côte Adriatique.

Villa di Massenzio

L'élément le plus intéressant de la villa de Maxence, un vaste ensemble palatial du IVe siècle, est le **Circo di Massenzio** (Via Appia Antica 153 ; 🚌Via Appia Antica),

Bas-reliefs commémoratifs sur le côté de la Via Appia Antica

La Via Appia Antica

le mieux conservé des cirques de Rome – on voit encore les stalles de départ des courses de chars. La construction de cette arène de 10 000 places fut ordonnée par Maxence vers 309.

Mausoleo di Cecilia Metella
Ce **mausolée** (06 3996 7700 ; www.coopculture.it ; Via Appia Antica 161 ; tarif plein/réduit avec les thermes de Caracalla et la Villa dei Quintili incl 6/3 € ; 9h-1h avant le coucher du soleil mar-dim ; Via Appia Antica) de forme cylindrique fut construit au Ier siècle av. J.-C. et abrite une chambre funéraire aujourd'hui sans toit. Au XIVe siècle, le mausolée fut transformé en forteresse par la famille Caetani.

Villa dei Quintili
Cette luxueuse **villa** (06 3996 7700 ; www.coopculture.it ; Via Appia Nuova 1092 ; tarif plein/réduit comprenant les Terme di Caracalla et le Mausoleo di Cecilia Metella 6/3 € ; 9h-1 heure avant le coucher du soleil mar-dim ; Via Appia Antica) du IIe siècle appartenait à deux consuls, les frères Quintili. Ils furent exécutés sur ordre de l'empereur Commode qui s'appropria leur demeure. Les plus beaux vestiges sont les thermes.

Basilica e catacombe di San Sebastiano
Dédale de galeries, les **catacombes de Saint Sebastien** (06 785 03 50; www.catacombe.org; Via Appia Antica 136 ; tarif plein/réduit 8/5 € ; 10h-17h lun-sam janv-nov ; Via Appia Antica) furent les premières à être nommées ainsi, sans doute parce qu'elles jouxtaient une grotte – le mot catacombe venant du grec *kata* (en bas) et *kymbos* (cavité). Durant les persécutions des chrétiens par l'empereur Vespasien vers 258, les catacombes auraient été utilisées pour abriter les reliques de saint Pierre et de saint Paul et seraient ainsi devenues un lieu de pèlerinage. Au-dessus, la **basilique** (Via Appia Antica 136 ; 8h-13h et 14h-17h30 ; Via Appia Antica) du IVe siècle a été reconstruite au XVIIe siècle. La Capella delle Reliquie conserve

06 513 53 16

www.parcoappiaantica.it

Info Point 9h30-coucher du soleil en été, 9h30-13h et 14h-17h lun-ven, 9h30-17h sam-dim en hiver

Via Appia Antica

☑ À savoir

▶ Le vélo est le moyen idéal pour explorer la Via Appia. Vous pourrez en louer et vous procurer une carte à l'Info Point Appia Antica à l'extrémité nord de la route.

▶ L'Info Point vend aussi l'**Appia Antica Card** (6 €), valable 7 jours, qui permet d'entrer dans trois sites majeurs en chemin.

✘ Une petite faim ?

Faites une pause-café ou bière dans le jardin ombragé de l'**Appia Antica Caffè** (Via Appia Antica 175 ; 9h-coucher du soleil) qui vend aussi de petits en-cas.

Déjeunez tranquillement dans un jardin, sous les orangers, à **Il Giardino di Giulia e Fratelli** (Via Appia Antica 176 ; 12h-15h et 19h-23h30 mar-sam).

Vaut le détour

La Via Appia Antica

Catacombe di San Callisto

l'une des flèches qui transperça saint Sébastien et la colonne à laquelle il était attaché. De l'autre côté de l'église une plaque de marbre porte les empreintes des pieds du Christ.

Catacombe di San Callisto
Les **catacombes de Saint-Calixte** (📞06 513 01 51 ; www.catacombe.roma.it ; Via Appia Antica 110-126 ; tarif plein/réduit 8/5 € ; ⏲9h-12h et 14h-17h, jeu-mar mars-jan ; 🚌Via Appia Antica), du IIe siècle, sont les plus vastes et les plus visitées de Rome. Fondées à la fin du IIe siècle, elles devinrent le cimetière officiel de la nouvelle Église de Rome. Dans les 20 km de galeries explorés à ce jour, les archéologues ont découvert les sépultures de 16 papes, de dizaines de martyrs et de plusieurs milliers de chrétiens.

Catacombe di Santa Domitilla
Parmi les plus vastes et les plus anciennes de Rome, les superbes **catacombes de Sainte Domitille** (📞06 511 03 42; www.domitilla.info ; Via delle Sette Chiese 282 ; tarif plein/réduit 8/5 € ; ⏲9h-12h et 14h-17h mer-lun mi-janv à mi-déc ; 🚌Via Appia Antica) s'étendent sur quelque 17 km. Elles furent creusées sur le lieu de sépulture privé de Flavia Domitilla, nièce de l'empereur Domitien et membre de la riche famille des Flaviens. Elles renferment des fresques chrétiennes, ainsi que l'impressionnante Chiesa di SS Nereus e Achilleus.

Explorer

San Giovanni et Celio

Au sud-est de la ville, la basilique Saint-Jean-de-Latran s'élève majestueusement au cœur du quartier résidentiel de San Giovanni. À proximité, le Celio (Caelius), l'une des sept collines de Rome, se dresse au sud du Colisée. Ce secteur calme et verdoyant parsemé d'églises médiévales est idéal pour échapper à la foule, mais manque d'animation en soirée.

Explorer

L'essentiel en un jour

☀️ Commencez par la **basilique Saint-Jean-de-Latran** (p. 98), au cœur du quartier résidentiel de San Giovanni, desservi par le métro. Elle est aussi grandiose à l'intérieur qu'à l'extérieur. Descendez ensuite la Via di San Giovanni in Laterano vers le Colisée. Vers le bas de la rue, la **basilique Saint-Clément** (p. 101) recèle de fascinants vestiges souterrains. Arrêtez-vous pour déjeuner au chaleureux **Cafè Cafè** (p. 103).

☀️ Démarrez l'après-midi par une promenade du côté du Celio, la colline verdoyante qui se dresse au sud du Colisée et abrite le joli **parc de la Villa Celimontana** (p. 102 ; photo à gauche), parfait pour échapper à la foule. Puisque vous êtes dans le quartier, visitez les **Case Romane** (p. 102), des maisons où auraient vécu des martyrs chrétiens.

🌙 Dînez au très populaire **Divin Ostilia** (p. 103) avant de prendre un verre dans un bar à vins, comme **Bibenda Wine Concept** (p. 104), réputé pour son vaste choix de millésimes, ou **Il Pentagrappolo** (p. 104) pour son ambiance décontractée et sa musique live.

👁 Les incontournables

Basilique Saint-Jean-de-Latran (p. 98)

❤️ Le meilleur du quartier

Histoire

Basilique Saint-Clément (p. 101)

Case Romane (p. 102)

Basilique Saint-Jean-de-Latran (p. 98)

Restaurant

Aroma (p. 103)

Bars et vie nocturne

Bibenda Wine Concept (p. 104)

Architecture

Basilique Saint-Jean-de-Latran (p. 98)

Comment y aller

🚌 **Bus** Parmi les lignes de bus utiles, la n°85 et la n°87 s'arrêtent à proximité de la basilique Saint-Jean-de-Latran, et la n°714 dessert San Giovanni.

Ⓜ **Métro** San Giovanni est desservi par la ligne A.

🚊 **Tramway** Le tram n°3 va de San Giovanni au Trastevere en suivant le Viale Aventino et en traversant le Testaccio.

Les incontournables
Basilique Saint-Jean-de-Latran

Datant du IVe siècle, la Basilica di San Giovanni in Laterano fut la première basilique chrétienne de Rome et le principal lieu de culte des papes jusqu'au XIVe siècle. Aujourd'hui, c'est la cathédrale officielle de la ville et le pape y occupe la charge d'évêque de Rome.

Le cloître
À gauche de l'autel, le cloître du XIIIe siècle est un lieu ravissant et paisible avec son **jardin central** entouré de gracieuses colonnes torsadées

👁 Plan p. 100, E3

Piazza di San Giovanni in Laterano 4

Entrée gratuite pour la basilique ; cloître 5 € avec guide audio

🕐 7h-18h30, cloître 9h-18h

Ⓜ San Giovanni

Intérieur de la basilique Saint-Jean-de-Latran

Basilique Saint-Jean-de-Latran

et incrustées de fragments de marbres antiques, chefs-d'œuvre de l'art cosmatesque (XIIIe siècle). Les déambulatoires sont jalonnés de fragments de marbre provenant de l'église d'origine, dont ceux d'un trône papal du Ve siècle, et des inscriptions de deux bulles papales.

La façade

L'immense façade de style baroque tardif, réalisée par Alessandro Galilei, est surmontée de quinze statues de 7 m de haut – le Christ avec saint Jean-Baptiste, saint Jean l'Évangéliste et les 12 apôtres. Derrière les colonnes colossales, le portique donne accès à cinq portes d'entrée. Les vantaux en bronze de la porte centrale proviennent de la Curie du Forum romain. À droite, la Porte Sainte n'est ouverte que l'année du jubilé.

L'intérieur

Le magnifique intérieur est dû en partie à Francesco Borromini, qui l'a redécoré pour le jubilé de 1650. L'ensemble est impressionnant, avec son plafond doré, son sol en mosaïque du XVe siècle et sa vaste nef percée de niches, où trônent des statues des apôtres du XVIIIe siècle.

À l'extrémité de la nef, un spectaculaire baldaquin gothique en pointe surmonte l'autel papal. Datant du XIVe siècle, il renfermerait les crânes de saint Pierre et saint Paul. En face, un double escalier mène à la **confessio** (crypte) et au tombeau Renaissance du pape Martin V (r 1417-1431).

À l'autre extrémité de la basilique, une fresque inachevée de Giotto orne le premier pilier de la nef latérale droite. Tendez aussi l'oreille vers la colonne suivante, sur laquelle un monument est dédié au pape Sylvestre II (vers 999-1003) : on raconte qu'il grince lorsque la mort d'un pape est imminente.

☑ À savoir

▶ N'oubliez pas de regarder au sol les magnifiques pavements en mosaïque de marbre, chefs-d'œuvre de l'art cosmatesque.

▶ Dans le cloître, remarquez la dalle de porphyre sur laquelle les soldats romains auraient tiré au sort la tunique du Christ crucifié.

▶ Ne manquez pas la fresque de Giotto sur le premier pilier de la nef de droite.

▶ Il y a un bureau d'information sur la droite du portique, ouvert de 9h à 17h.

✕ Une petite faim ?

Les bons restaurants sont rares à proximité de la basilique ; mieux vaut donc finir votre visite et descendre vers le Colisée, où vous pourrez vous rassasier à Il Bocconcino (p. 104), à moins que vous ne préfériez Cafè Cafè (p. 103).

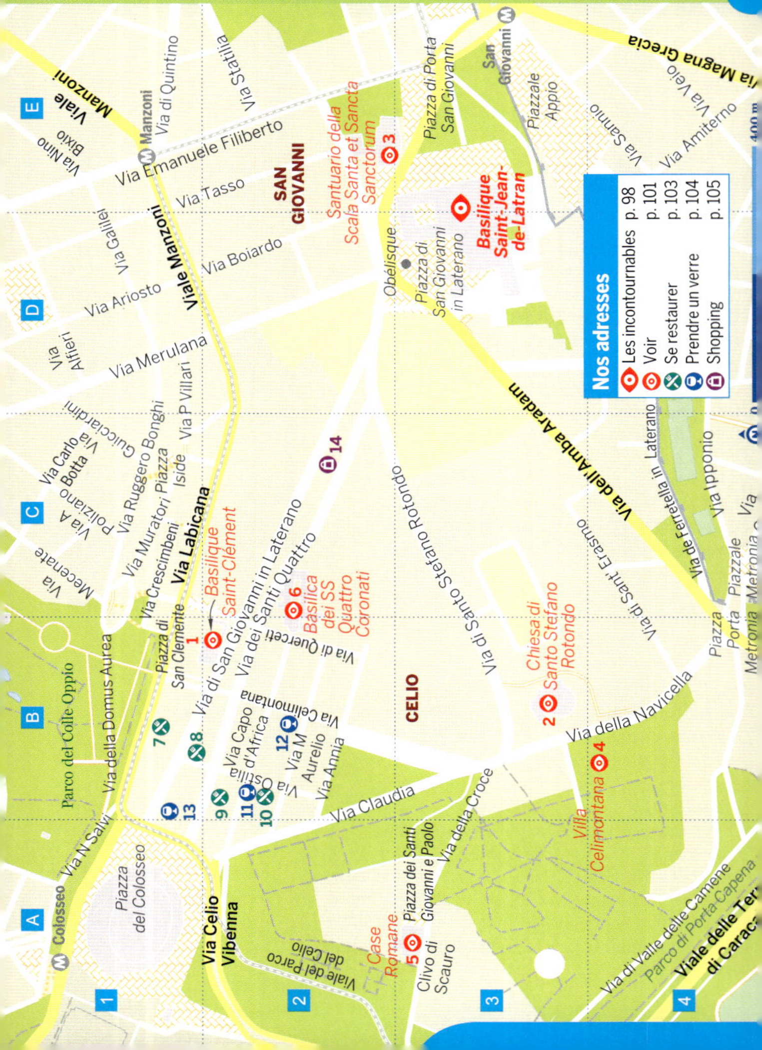

Nos adresses
Les incontournables p. 98
Voir p. 101
Se restaurer p. 103
Prendre un verre p. 104
Shopping p. 105
Basilique Saint-Jean-de-Latran
Santuario della Scala Santa et Sancta Sanctorum
3
SAN GIOVANNI
CELIO
Basilique Saint-Clément
1
Basilica dei SS Quattro Coronati
6
Chiesa di Santo Stefano Rotondo
2
Villa Celimontana
4
Case Romane
5
7
8
9
10
11
12
13
14
Obélisque
Piazza di San Giovanni in Laterano
Piazza di Porta San Giovanni
San Giovanni
Piazzale Appio
Via Magna Grecia
Via Velo
Via Amiterno
Via Sannio
Manzoni
Viale Manzoni
Via Emanuele Filiberto
Via Tasso
Via Boiardo
Via di Quintino
Via Statilia
Via Nino Bixio
Via Galilei
Via Ariosto
Via Alfieri
Via Merulana
Via P Villari
Via Guicciardini
Via Carlo Botta
Via A Poliziano
Via Mecenate
Via Ruggero Bonghi
Piazza Iside
Via Muratori
Via Crescimbeni
Via Labicana
Piazza di San Clemente
Parco del Colle Oppio
Via della Domus Aurea
Via di San Giovanni in Laterano
Via dei Santi Quattro
Via di Querceti
Via Capo d'Africa
Via Celimontana
Via M Aurelio
Via Annia
Via Ostilia
Via Claudia
Via di Santo Stefano Rotondo
Via dell'Amba Aradam
Via di Sant'Erasmo
Via della Navicella
Via della Croce
Via de Ferratella in Laterano
Via Ipponio
Piazza Porta Metronia
Piazzale Metronia
Colosseo
Via N Salvi
Piazza del Colosseo
Via Celio Vibenna
Viale del Parco del Celio
Piazza dei Santi Giovanni e Paolo
Clivo di Scauro
Via di Valle delle Camene
Parco di Porta Capena
Viale delle Terme di Caracalla
A
B
C
D
E
1
2
3
4
400 m

Mosaïques, Basilica di San Clemente

Voir

Basilique Saint Clément
BASILIQUE

1 Plan p. 100, B2

Parfaite illustration de l'histoire agitée de Rome, la basilica di San Clemente est bâtie sur une église du IVe siècle, elle-même construite sur un temple du IIe siècle dédié à Mithra (p. 104) et sur une maison romaine du Ier siècle. Le tout repose sur des fondations datant de la République romaine. (www.basilicasanclemente.com ; Piazza San Clemente ; site archéologique tarif plein/réduit 10/5 € ; 9h-12h30 et 15h-18h lun-sam, 12h15-18h dim ; Via Labicana)

Chiesa di Santo Stefano Rotondo
ÉGLISE

2 Plan p. 100, B3

Au milieu d'un terrain isolé, cette église fascinante arbore un beau portique en façade et un intérieur circulaire à colonnes, mais les visiteurs remarquent surtout les fresques du XVIe siècle, qui illustrent les tortures subies par les martyrs chrétiens. Les décrivant en 1846, Charles Dickens réagit à tant de cruauté par ces mots : "Il s'agit d'un tel tableau d'horreur et de boucherie qu'aucun homme n'aurait pu l'imaginer en cauchemar, eût-il avalé tout cru un porc entier au souper." (www.santo-stefano-rotondo.it ; Via di Santo

Stefano Rotondo 7 ; 10h-13h et 14h30-17h30 hiver, 10h-13h et 15h30-18h30 été ; Via Claudia)

Santuario della Scala Santa et Sancta Sanctorum SITE CHRÉTIEN

3 Plan p. 100, E2

La Scala Santa (Escalier saint) serait l'escalier que le Christ aurait gravi dans le palais de Ponce Pilate à Jérusalem. Il aurait été rapporté à Rome au IVe siècle par sainte Hélène. Les pèlerins en font l'ascension à genoux, en récitant une prière à chacune de ses 28 marches. Au sommet, le Sancta Sanctorum (Saint des Saints), richement décoré de fresques, était jadis la chapelle privée des papes. (www.scala-santa.it ; Piazza di San Giovanni in Laterano 14 ; Scala gratuite, Sancta avec/sans audioguide 5/3,50 € ; Scala 6h-14h et 15h-19h l'été, jusqu'à 18h l'hiver, Sancta Sanctorum 9h30-12h45 et 15h-16h45 lun-sam ; San Giovanni)

Villa Celimontana PARC

4 Plan p. 100, B4

Avec ses pelouses et ses parterres de fleurs, ce parc verdoyant est l'endroit idéal pour oublier la foule le temps d'un pique-nique. Au centre, une villa du XVIe siècle abrite la Société italienne de géographie. Au sud se dresse un obélisque égyptien de plus de 12 m de hauteur. (7h-coucher du soleil ; Via della Navicella)

Case Romane SITE CHRÉTIEN

5 Plan p. 100, A3

Deux martyrs romains, Jean et Paul, auraient vécu dans ces lieux souterrains situés sous la **Basilica di SS Giovanni e Paolo al Cielo** (Piazza dei Santi Giovanni e Paolo ; 8h30-12h & 15h30-18h ; Via Claudia) avant d'être décapités par l'empereur Julien. Si aucune preuve n'atteste la présence des apôtres, il est avéré que ces maisons servirent pour le culte chrétien. On recense plus de 20 pièces, dont beaucoup sont richement décorées. Entrée sur le côté de la basilique, par le Clivo di Scauro. (06 7045 4544 ; www.caseromane.it ; Clivo di Scauro ; tarif plein/réduit 8/6 € ; 10h-13h et 15h-18h jeu-lun ; Via Claudia)

Basilica dei SS Quattro Coronati BASILIQUE

6 Plan p. 100, C2

Cette austère église fortifiée abrite de ravissantes fresques du XIIIe siècle ainsi qu'un agréable cloître, accessible depuis l'aile gauche. Les fresques de l'Oratorio di San Silvestro racontent l'histoire de la donation de Constantin (p. 103) au pape Sylvestre Ier, un acte apocryphe par lequel l'empereur Constantin aurait cédé le contrôle de Rome et de l'Empire d'Occident à la papauté. Pour avoir accès à l'Oratorio, sonnez à la cloche dans la cour d'entrée. (06 7047 5427 ; Via dei Santi Quattro 20 ; cloître 2 €, Oratorio di San Silvestro 1 € ;

Se restaurer

> ## Comprendre
> **La donation de Constantin**
>
> La Donation de Constantin était supposée être un document par lequel l'empereur Constantin accordait au pape Sylvestre Ier (r. 314-335) et à ses successeurs le contrôle de Rome et de l'Empire romain d'Occident, ainsi que la primauté sur les Saints-Sièges d'Antioche, d'Alexandrie, de Constantinople, de Jérusalem et sur toutes les églises du monde. Il s'agit en fait du plus célèbre exemple de document falsifié de l'histoire médiévale !
>
> Des siècles durant, le document fut utilisé par les papes pour justifier leurs revendications territoriales. Mais en 1440, le philosophe et humaniste italien Laurent Valla prouva qu'il s'agissait d'un faux : le latin employé dans le document ne correspondait pas à celui utilisé au IVe siècle. Si l'on ne connaît toujours pas la date exacte à laquelle le document fut rédigé, on sait qu'elle se situe vers le milieu ou la fin du VIIIe siècle. Ce qui vient corroborer la théorie selon laquelle l'auteur en était un ecclésiastique romain probablement sous les auspices du pape Étienne II (r. 752-757).

basilique 6h30-12h45 et 15h30-18h, cloître 9h45-11h45 et 15h45-17h45 lun-sam ; Via di San Giovanni in Laterano)

Se restaurer

Aroma   GASTRONOMIE €€€

 Plan p. 100, B1

Avec sa superbe vue sur le Colisée et sa cuisine étoilée au Michelin, le restaurant situé au dernier étage du Palazzo Manfredi est idéal pour une demande en mariage. Le chef Giuseppe Di Iorio y propose une cuisine méditerranéenne luxueuse et inventive dans ses menus saisonniers. (06 9761 5109 ; www.aromarestaurant.it ; Via Labicana 125 ; repas 120-150 € ; 12h30-15h et 19h30-23h30 ; Via Labicana)

Divin Ostilia   BAR À VINS, TRATTORIA €€

8 Plan p. 100, B1

Toujours aussi populaire, Divin Ostilia est un modèle de bar à vins avec ses étagères en bois garnies de bouteilles et son haut plafond en brique. Sa chaleureuse salle déborde d'animation aux heures des repas quand on s'y presse pour se régaler de fromages et de charcuteries, de steaks grillés ou de pâtes. (06 7049 6526 ; Via Ostilia 4 ; repas 30-35 € ; 12h-1h ; Via Labicana)

Cafè Cafè   BISTROT €

 Plan p. 100, B2

Ce café-bistrot accueillant change agréablement des restaurants sans âme des environs du Colisée. Avec ses tables en bois rustique, ses murs orangés et ses bouteilles de vin, c'est

> **Comprendre**
> ### Le culte souterrain de Mithra
>
> Le mithraïsme était un culte très populaire chez les soldats de la Rome antique. D'après la mythologie, Mithra, un dieu jeune et beau, se vit ordonner par le Soleil le sacrifice d'un taureau sauvage. Le sang de l'animal fertilisa alors le blé et les autres plantes.
>
> Les temples mithraïques, appelés *mithraeums*, étaient presque toujours installés dans des grottes ou des emplacements souterrains, qui selon la croyance représentaient le cosmos. Après avoir subi un processus d'initiation complexe, les adeptes y consommaient du pain et de l'eau symbolisant le corps et le sang du taureau. Cela rappelle, bien sûr, la symbolique chrétienne ; aussi les premiers chrétiens étaient-ils fermement opposés à ce culte.

un lieu charmant où recharger ses batteries avec des œufs au bacon au petit-déjeuner, un déjeuner léger ou un thé accompagné d'un gâteau maison l'après-midi. (📞06 700 87 43 ; www.cafecafebistrot.it ; Via dei Santi Quattro 44 ; repas 15-20 € ; ⏰9h30-20h50 ; 🚇Via di San Giovanni in Laterano)

Il Bocconcino   CUISINE RÉGIONALE €€

 Plan p. 100, B2

Comptant parmi les meilleures adresses des environs très touristiques du Colisée, cette sympathique trattoria se démarque par sa cuisine régionale authentique et son utilisation d'ingrédients locaux de saison. La carte fait la part belle aux pâtes romaines classiques, aux viandes grillées et aux poissons, mais il y a aussi des plats du jour, indiqués sur l'ardoise. Desserts imaginatifs. (📞06 7707 9175 ; www.ilbocconcino.com ; Via Ostilia 23 ; repas 30-35 € ; ⏰12h30-15h30 et 19h30-23h30 jeu-mar ; 🚇Via Labicana)

Prendre un verre

Bibenda Wine Concept   BAR À VINS

 Plan p. 100, B2

Amateurs de vins curieux de titiller vos papilles ne manquez pas cette élégante *enoteca* moderne, au cadre blanc et lumineux, qui offre un vaste choix de vins des différentes régions d'Italie, des millésimes européens ainsi qu'un petit menu au déjeuner. Vin au verre ou à la bouteille. (📞06 7720 6673 ; www.wineconcept.it ; Via Capo d'Africa 21 ; ⏰12h-15h et 18h-24h lun-jeu, jusqu'à 2h ven-sam, fermé sam déj et dim ; 🚇Via Labicana)

Il Pentagrappolo   BAR À VINS

 Plan p. 100, B2

Avec ses voûtes et son éclairage tamisé, ce bar à vins est un bon remède en cas d'overdose de visites. Joignez-vous à la clientèle décontractée venue siroter un verre de vin sur fond de piano et de jazz

Bar en terrasse

(concerts régulièrement organisés). Il y a aussi un menu complet au déjeuner et au dîner. (📞06 709 63 01 ; Via Celimontana 21b ; ⏱12h-15h et 18h-1h lun-jeu, 18h-2h ven-dim ; Ⓜ Colosseo)

Coming Out

BAR

13 🍷 Plan p. 100, B1

Par une chaude soirée d'été, difficile de trouver une adresse plus sympathique que ce bar gay pour un verre avec le Colisée en toile de fond. Il est ouvert toute la journée, mais c'est en soirée que l'ambiance est à son comble, avec *drag shows*, soirées karaoké et cocktails excellents. (📞06 700 98 71 ; www.comingout.it ; Via di San Giovanni in Laterano 8 ; ⏱7h30-2h ; 🚌Via Labicana)

Shopping

Soul Food

MUSIQUE

14 🔒 Plan p. 100, C2

Propriété de Hate Records, Soul Food est un disquaire sympathique qui présente un choix éclectique de vinyles de tous les styles : *garage* et rockabilly des années 1960, punk, indie, new wave, folk, funk, soul… Il propose aussi une gamme de tee-shirts rétro, ainsi que des fanzines et accessoires divers. (📞06 7045 2025 ; www.haterecords.com ; Via di San Giovanni in Laterano 192 ; ⏱10h30-13h30 et 15h30-19h30 mar-sam ; 🚌Via di San Giovanni in Laterano)

100% romain
Ostiense et San Paolo

Avec son ambiance postindustrielle branchée, Ostiense est le quartier préféré des amateurs de *street art* exubérant, de clubs pointus et de bars tendance. Les étudiants du campus universitaire tout proche y assurent un dynamisme permanent, et les usines désaffectées constituent un terrain de fête idéal. Hormis un fabuleux musée dans une ancienne centrale électrique et la troisième plus grande église du monde, il y a peu de sites touristiques.

Comment y aller

Ostiense s'étend au sud du centre-ville, le long de la Via Ostiense.

M La ligne B dessert les stations Piramide, Garbatella et Basilica San Paolo.

🚌 Les bus n°s 23 et 716 mènent à la Via Ostiense.

Ostiense et San Paolo

❶ Basilique Saint-Paul-hors-les-Murs

Commencez votre circuit à la **Basilica San Paolo Fuori le Mura** (📞06 6988 0803 ; www.basilicasanpaolo.org ; Via Ostiense 190 ; tarif plein/réduit 4/3 € ; ⏱7h-18h30 ; Ⓜ️Basilica San Paolo), troisième plus grande église du monde. Une grande partie du bâtiment fut détruite lors d'un incendie en 1823, mais ont survécu l'arc triomphal du Ve siècle, aux mosaïques amplement restaurées, et le tabernacle gothique.

❷ Garbatella

Garbatella, l'un des quartiers les plus singuliers de Rome, est une banlieue-jardin colorée créée dans les années 1920-1930 pour reloger les personnes déplacées par les travaux effectués en centre-ville.

❸ Déjeuner à Eataly

Le midi, poussez jusqu'à **Eataly** (www.eataly.net ; Piazzale XII Ottobre 1492 ; repas 10-50 € ; ⏱boutiques 9h-minuit, restaurants généralement 12h-15h30 et 19h-23h ; 📞 ; Ⓜ️Piramide), vaste complexe gastronomique de 19 restaurants et cafés.

❹ Street art sur la Via del Porto Fluviale

La **Via del Porto Fluviale** abrite certaines des œuvres de *street art* les plus originales de Rome. Les usines désaffectées d'Ostiense accueillent de très belles fresques de l'artiste bolonais Blu.

❺ Café et gâteaux chez Andreotti

Régalez-vous d'un gâteau ou d'un café chez **Andreotti** (📞06 575 07 73 ; www.andreottiroma.it ; Via Ostiense 54 ; pâtisseries à partir de 1,2 € ⏱7h30-22h ; 🚌Via Ostiense, Ⓜ️Piramide).

❻ Sculptures à la Centrale Montemartini

La **Centrale Montemartini** (📞06 06 08 ; www.centralemontemartini.org ; Via Ostiense 106 ; tarif plein/réduit 7,50/6,50 €, avec musées du Capitole 16/14 €, ticket valable 7 jours ; ⏱9h-19h mar-dim ; 🚌Via Ostiense) est une fantastique annexe des musées du Capitole. Dans cette ancienne centrale électrique se côtoient moteurs, chaudières… et sculptures antiques.

❼ Aperitivo à Doppiozero

De 18h à 21h, les Romains dans le vent se retrouvent à **Doppiozero** (📞06 5730 1961 ; www.doppiozero.com ; Via Ostiense 68 ; repas 15 € ; ⏱7h-2h lun-sam ; 🚌Via Ostiense, Ⓜ️Piramide) pour profiter de son célèbre et somptueux *aperitivo*.

❽ Clubs ultracool

Ostiense est un haut lieu du clubbing où les plus grands DJ passent aussi bien de la nu-house que de la techno old-school lancinante. Les clubs les plus branchés regroupés autour de Via Libetta sont **Vinile** (www.vinileroma.it), **Circolo Illuminati** (www.circolodegliilluminati.it), **Goa** (www.goaclub.com) et **Neo Club** (www.piovra.it).

Explorer

Aventin et Testaccio

Au-dessus des imposantes ruines des thermes de Caracalla, l'élégante colline de l'Aventin arbore villas, jardins luxuriants et églises austères. Au sommet, Via di Santa Sabina, on peut voir le dôme de la basilique Saint-Pierre (photo ci-dessus) à travers un trou de serrure. En bas, le quartier du Testaccio est un temple de la vie nocturne et un bastion de la cuisine romaine traditionnelle.

L'essentiel en un jour

 Commencez en explorant les **thermes de Caracalla** (p. 111), l'un des plus grands complexes du genre de la Rome antique. Allez ensuite vous immerger dans la vie de quartier du Testaccio. Fouinez avec ses habitants au **Nuovo Mercato di Testaccio** (p. 113), puis prenez un repas à emporter à **Trapizzino** (p. 113).

L'après-midi, flânez dans le **Cimitero Acattolico per gli Stranieri** (p. 112), où reposent Shelley et Keats, avant de parcourir l'Aventin. Cette grande promenade sera récompensée par une vue remarquable à travers le trou de serrure de la **Villa del Priorato di Malta** (p. 111) et depuis le **Parco Savello** (p. 112), sans oublier la superbe et austère **Basilica di Santa Sabina** (p. 112).

 Passez la soirée au Testaccio. Délectez-vous d'une fabuleuse cuisine romaine à **Flavio al Velavevodetto** (p. 113), puis allez vous défouler à l'excellent **ConteStaccio** (p. 115).

Le meilleur du quartier

Histoire
Terme di Caracalla (p. 111)

Se restaurer
Da Felice (p. 113)

Flavio al Velavevodetto (p. 113)

Mordi e Vai (p. 113)

Trapizzino (p. 113)

Architecture
Thermes de Caracalla (p. 111)

Basilique Sainte-Sabine (p. 112)

Shopping
Volpetti (p. 115)

Nuovo Mercato di Testaccio (p. 113)

Culture
ConteStaccio (p. 115)

Comment y aller

🚌 **Bus** La ligne n°714 dessert les Terme di Caracalla.

Ⓜ **Métro** Pour le Testaccio, prenez la ligne B jusqu'à Piramide. On peut rallier l'Aventin à pied depuis le Testaccio et la station Circo Massimo (ligne B).

🚊 **Tramway** La ligne n°3 va de San Giovanni au Trastevere en suivant le Viale Aventino et en traversant le Testaccio.

110 Aventin et Testaccio

Nos adresses

- 👁 Voir — p. 111
- ✕ Se restaurer — p. 112
- ☕ Prendre un verre — p. 114
- ★ Sortir — p. 115
- 🛍 Shopping — p. 115

Lieux et repères sur la carte

- 1 Terme di Caracalla
- 2 Basilica di Santa Sabina
- 3 Parco Savello
- 4 Villa del Priorato di Malta
- 5 Cimitero Acattolico per gli Stranieri

Quartiers
- CELIO
- AVENTIN
- TESTACCIO

Rues et voies principales
- Via di San Gregorio
- Viale delle Terme di Caracalla
- Via di Valle delle Camene
- Via Antonina
- Viale Guido Baccelli
- Via di Villa Pepoli
- Viale Giotto
- Viale di Porta Ardeatina
- Viale Marco Polo
- Via dei Cerchi
- Via Aventina
- Via Peruzzi
- Via di San Saba
- Via del Circo Massimo
- Viale Aventino
- Via di Fonte di Fauno
- Via Terme Deciane
- Via di Prisca
- Via Annia Faustina
- Viale della Piramide Cestia
- Piazzale Ugo La Malta
- Roseto Comunale
- Clivo de Publici
- Piazza Santa Prisca
- Piazza di San Alessio
- Piazza Albania
- Via di Santa Sabina
- Via San Domenica
- Via Melania
- Viale Manlio Gelsomini
- Piazza dei Cavalieri di Malta
- Via Marmorata
- Via del Campo Boario
- Viale del Campo Boario
- Via dei Conciatori
- Piazzale Ostiense
- Piramide
- Stazione Roma-Ostia
- Via Ostiense
- Via di San Michele
- Porta di Ripa Grande
- Lgt Aventino
- Ponte Sublicio
- Piazzale Portuense
- Via Portuense
- Via Vanvitelli
- Via Beniamino Franklin
- Via Bodoni
- Via Cecchi
- Via Gessi
- Via Branca
- Via Rubattino
- Via Florio
- Via Manuzio
- Piazza Santa Maria Liberatrice
- Via Giovan Battista Bodoni
- Piazza Testaccio
- Via Ginori
- Via Nicola Zabaglia
- Via Galvani
- Via Volta
- Via di Monte Testaccio
- Via di Caio Cestio
- Piramide di Caio Cestio
- Piazza Orazio Giustiniani
- Lgt Testaccio
- Tibre

0 — 200 m

Vestiges des thermes de Caracalla

Voir

Terme di Caracalla
SITE ARCHÉOLOGIQUE

1 ⊙ Plan p. 110, E3

L'immense complexe thermal de l'empereur Caracalla compte parmi les plus belles ruines de Rome. Inauguré en l'an 216, le site d'origine, de 10 ha, comprenait des bains, des gymnases, des bibliothèques, des boutiques, des jardins et jusqu'à 8 000 personnes le fréquentaient chaque jour. Les ruines correspondent surtout au bâtiment central des bains, un grand édifice rectangulaire fermé par deux **palestre** (gymnases) autour d'un **frigidarium** (pièce froide), où les clients pouvaient s'arrêter en revenant du **tepidarium** (salle tiède) et du **caldarium** (salle chaude). (📞06 3996 7700 ; www.coopculture.it ; Viale delle Terme di Caracalla 52 ; tarif plein/réduit 6/3 € ; ⊙9h-1 heure avant le coucher du soleil mar-dim, 9h-14h lun ; 🚆Viale delle Terme di Caracalla)

Villa del Priorato di Malta
BÂTIMENT HISTORIQUE

2 ⊙ Plan p. 110, B1

Le siège romain des chevaliers de l'ordre de Malte (*Cavalieri di Malta*) offre l'une des vues les plus célèbres de Rome. Pour cela, il vous faut regarder par le trou de la serrure de la porte verte de la villa et vous verrez le dôme de Saint-Pierre dans l'alignement d'une allée bordée de haies. (Villa Magistrale ; Piazza dei Cavalieri di Malta ; 🚌Lungotevere Aventino)

Basilica di Santa Sabina BASILIQUE

3 Plan p. 110, C1

Cette fascinante basilique, l'une des plus belles églises paléochrétiennes de Rome, fut fondée par Pierre d'Illyrie vers l'an 422. Elle fut agrandie au IXe siècle, puis à nouveau en 1216, avant d'être cédée au tout jeune ordre des Dominicains – remarquez la pierre tombale de Muñoz de Zamora, l'un des pères fondateurs de l'ordre, dans le sol de la nef. Une restauration au XXe siècle lui a redonné son allure initiale. (📞06 57 94 01 ; Piazza Pietro d'Illiria 1 ; ⏰8h15-12h30 et 15h30-18h ; 🚌Lungotevere Aventino)

Parco Savello PARC

4 Plan p. 110, C1

Surnommé *Giardino degli Aranci* (jardin des Orangers), ce petit parc est un vrai paradis romantique. Suivez l'allée centrale au milieu des pins parasols et des orangers pour aller contempler la vue sur le dôme de Saint-Pierre et les toits de la ville, sublime au coucher du soleil. (Via di Santa Sabina ; ⏰7h-18h oct-fev, 7h-20h mars et sept, 7h-21h avr-août ; 🚌Lungotevere Aventino)

Cimitero Acattolico per gli Stranieri CIMETIÈRE

5 Plan p. 110, B4

Le cimetière "non catholique" de Rome est une oasis verdoyante de sérénité. Une ambiance rappelant le romantisme du XIXe siècle flotte sur ce site où 4 000 personnes sont enterrées, dont les poètes Keats et Shelley, ainsi que le théoricien et homme politique Antonio Gramsci. Parmi les tombes et les cyprès, cherchez l'*Angelo del Dolore* (Ange de la douleur), sculpture de 1894, et souvent copiée depuis, créée par l'artiste américain William Wetmore Story pour la tombe de sa femme. (www.cemeteryrome.it ; Via Caio Cestio 5 ; don 3 € ; ⏰9h-17h lun-sam, 9h-13h dim ; MPiramide)

Se restaurer

Romeo e Giulietta RESTAURANT, PIZZERIA €€

6 Plan p. 110, B2

Installé dans un ancien showroom de voitures, ce pôle gastronomique contemporain est la dernière initiative du grand chef romain Cristina Bowerman. Au centre des opérations trône **Romeo Chef & Baker** (📞06 3211 0120 https://romeo.roma.it ; repas 40 € ; ⏰10h-2h), restaurant-bar à cocktails-traiteur stylé faisant de la cuisine italienne et internationale moderne, mais il y a aussi la **Giulietta Pizzeria** (📞06 4522 9022 ; https://giuliettapizzeria.it ; pizzas 6,50-12 € ; ⏰19h-24h tlj, 12h-15h sam-dim) réputée pour ses formidables pizzas au feu de bois et, pas loin, **Frigo**, une *gelateria* artisanale. (Piazza dell'Emporio 28 ; 🚌Via Marmorata)

Se restaurer

Trapizzino SUR LE POUCE €

7 Plan p. 110, A3

Voici l'endroit où a été créé le *trapizzino*, une sorte de sandwich fait d'un cône en pâte à pizza farci de divers ingrédients, comme les *polpette al sugo* (boulettes de viande à la sauce tomate) ou le *pollo alla cacciatore* (poulet cocotte). Difficiles à manger proprement, ces spécialités maison sont délicieuses. (06 4341 9624 ; www.trapizzino.it ; Via Branca 88 ; trapizzini à partir de 3,50 € ; 12h-1h mar-dim ; Via Marmorata)

Flavio al Velavevodetto ROMAIN €€

8 Plan p. 110, B3

Installé dans une villa rustique d'un rouge pompéien sur les flancs du mont Testaccio, une colline artificielle formée de tessons d'amphores antiques, ce restaurant sans prétention est réputé localement pour sa *cucina romana* (cuisine romaine) simple et robuste. Au menu : *antipasti* de fromages, de jambons crus et de fritures, grosses portions de pâtes maison et plats de viande simples. (06 574 41 94 ; www.ristorantevelavevodetto.it ; Via di Monte Testaccio 97-99 ; repas 30-35 € ; 12h30-15h et 19h45-23h ; Via Galvani)

Da Felice ROMAIN €€

9 Plan p. 110, B3

Gourmets du quartier et clientèle chic adorent ce restaurant emblématique célèbre pour son respect inconditionnel des traditions culinaires romaines. Contrastant avec le décor moderne, la carte se révèle classique, affichant des plats différents en fonction des jours de la semaine : *pasta e fagioli* (pâtes et haricots) le mardi, *bollito di manzo* (bœuf bouilli) le jeudi et poisson le vendredi. Réservation indispensable. (06 574 68 00 ; www.feliceatestaccio.it ; Via Mastro Giorgio 29 ; repas 30-40 € ; 12h-15h et 19h30-23h ; Via Marmorata)

 **100% romain**

Nuovo Mercato di Testaccio

Le **marché** du Testaccio (plan p. 110, A3 ; entrées Via Galvani, Via Beniamino Franklin, Via Volta, Via Manuzio, Via Ghiberti ; 7h-15h30 lun-sam ; Via Marmorata) bat son plein le matin quand les gens du quartier vont y faire leurs courses de produits frais, acheter des chaussures ou des vêtements. Plusieurs stands vendent aussi une délicieuse cuisine à emporter, notamment **Cups** (stand 44 ; plats 5-8 € ; 8h-16h lun-sam ; Via Galvini), dans le genre gourmet, et **Mordi e Vai** (www.mordievai.it ; stand 15 ; panini 3,50-5 € ; 8h-15h lun-sam ; Via Galvani) plus traditionnel.

Pizzeria Da Remo PIZZERIA €

10 Plan p. 110, A2

Pour une expérience culinaire romaine authentique, rendez-vous dans cette pizzeria, l'une des plus fréquentées

Bon plan
Opéra dans les thermes
Le **Teatro dell'Opera** (www.operaroma.it) présente sa saison estivale de musique, de théâtre et d'opéra dans le cadre grandiose des ruines des thermes de Caracalla (p. 111).

de la ville. Dans une salle spartiate à l'atmosphère joyeuse et animée, on vous servira des fritures en entrée et des pizzas romaines croustillantes. Attendez-vous à faire la queue après 20h30. (☏06 574 62 70 ; Piazza Santa Maria Liberatrice 44 ; repas 15 € ; ⏱19h-1h lun-sam ; 🚇Via Marmorata)

Il Gelato   GLACIER €
 Plan p. 110, D2

C'est le bastion sur l'Aventin du roi de la glace de Rome, Claudio Torcè. Ses créations sont saisonnières et sans conservateur, et les parfums vont du plus classique au très original, comme le thé vert ou le gorgonzola. (Viale Aventino 59 ; glace 2-4,50 € ; ⏱10h-minuit été, 11h-21h hiver ; 🚇Viale Aventino)

Prendre un verre

Rec 23   BAR
 Plan p. 110, B2

Tout en briques apparentes et meubles dépareillés, ce bar, d'inspiration new-yorkaise, plaira à tous, que l'on vienne pour un *aperitivo*, un repas ou un brunch le week-end. Longue carte de cocktails (notre favori, le Bud Spencer), mais aussi un beau choix de whiskies écossais et de rhums latino-américains. L'apéritif blues du jeudi connaît un grand succès. (☏06 8746 2147 ; www.rec23.com ; Piazza dell'Emporio 2 ; ⏱18h30-2h tlj et 12h30-15h30 sam-dim ; 🚇Via Marmorata)

Casa Manfredi   CAFÉ
 Plan p. 110, D2

Très "branchée" quand nous l'avons visitée, la Casa Manfredi est un beau café, aux vitrages et aux lustres étincelants, du riche faubourg de l'Aventin. Mêlez-vous à la clientèle locale bien habillée pour aller y prendre un café, un déjeuner léger en terrasse ou un apéritif chic en soirée. Il fait aussi d'excellentes glaces artisanales. (☏06 9760 5892 ; Viale Aventino 93 ; ⏱7h-21h ; 🚇Viale Aventino, 🚇Viale Aventino)

L'Oasi della Birra   BAR
 Plan p. 110, B3

Niché au sein de la Palombi Enoteca, un vénérable bar à vins de la Piazza Testaccio, l'Oasis de la Bière justifie bien son nom. Avec des centaines de bières à la carte, allemandes, anglaises ou belges, ainsi que des vins, des fromages et des charcuteries, c'est un lieu idéal pour une soirée dégustation, soit dans la petite cave soit en terrasse sur la place. (☏06 574 61 22 ; Piazza Testaccio 41 ; ⏱16h-24h30 ; 🚇Via Marmorata)

Shopping 115

Bar à *gelati*

Sortir

ConteStaccio
MUSIQUE LIVE

 Plan p. 110, B4

Avec sa terrasse sous les étoiles et son ambiance très animée, le ConteStaccio est l'un des clubs les plus courus du Testaccio. Il comprend un bar à cocktails, une pizzeria et un restaurant, mais il est surtout réputé pour ses concerts gratuits de groupes en devenir, allant de l'indie pop à l'électro, en passant par le rock, l'acoustique ou le funk. (06 5728 9712 ; www.contestaccio.com ; Via di Monte Testaccio 65b ; 20h-4h jeu-dim ; Via Galvani)

Shopping

Volpetti
ALIMENTATION

 Plan p. 110, B3

Ce traiteur, que beaucoup considèrent comme le meilleur de Rome, est un paradis pour les gourmets. Le personnel est serviable et saura vous guider parmi le vaste choix de fromages, pâtes maison, huiles d'olive, vinaigres, charcuteries, tourtes aux légumes, vins et grappa. On y vend aussi d'excellentes pizzas à la part. (www.volpetti.com ; Via Marmorata 47 ; 8h30-14h et 16h30-20h15 lun-mer, 8h30-20h15 jeu-sam ; Via Marmorata)

Explorer

Trastevere et Janicule

Avec ses vieux pavés, ses maisons ocre, ses façades couvertes de vigne vierge, ses *palazzi* et son ambiance bobo, le Trastevere (photo ci-dessus) est l'un des quartiers les plus vivants de Rome. Son dédale de ruelles s'anime le soir quand il y a foule dans ses restaurants et ses bars à la mode. En toile de fond, la colline du Janicule (Gianicolo) offre une bouffée d'air frais et des vues superbes sur Rome.

Explorer

L'essentiel en un jour

Commencez par un hommage à sainte Cécile, patronne des musiciens, en vous rendant à la **Basilica di Santa Cecilia in Trastevere** (p. 123). Dirigez-vous ensuite vers la Piazza Santa Maria in Trastevere et l'incontournable **Basilica di Santa Maria in Trastevere** (p. 118). Couronnez la matinée par la visite de la **Villa Farnesina** (p. 124), grandiose villa Renaissance célèbre pour ses fresques de Raphaël.

Après un déjeuner à **Da Enzo** (p. 121), rebroussez chemin jusqu'à la **Galleria Corsini** (p. 123). Flânez ensuite pendant une petite heure à l'**Orto Botanico** (p. 124). Une fois les batteries rechargées, montez sur la **colline du Janicule** (p. 124) pour admirer la superbe vue sur les toits.

Dînez de spécialités romaines dans la trattoria **Da Teo** (p. 126), un grand classique, puis régalez-vous d'une glace artisanale au **Fior di Luna** (p. 125). Les amateurs de bière pourront aussi goûter la bière artisanale de **Bir & Fud** (p. 128).

Pour vivre une soirée dans le quartier comme un Romain, voir p. 120.

Les incontournables

Basilica di Santa Maria in Trastevere (p. 118)

100% romain

Une soirée dans le Trastevere et le Janicule (p. 120)

♥ Le meilleur du quartier

Restaurants

Da Augusto (p. 121)

Da Enzo (p. 125)

Fior di Luna (p. 125)

Bars et vie nocturne

Freni e Frizioni (p. 121)

Pimm's Good (p. 126)

Comment y aller

🚊 **Tramway** La ligne 8, qui part du Largo di Torre Argentina, suit le Viale di Trastevere et va jusqu'à la Villa Doria Pamphilj. La ligne n°3 s'arrête aussi à l'extrémité sud du Viale Trastevere et dessert les stations Testaccio (Via Marmorata), Colosseo, San Giovanni et Villa Borghese.

🚌 **Bus** Le bus H rallie le Viale di Trastevere depuis Termini, et le bus n°780 depuis la Piazza Venezia. Pour monter au Janicule, prenez le bus n°870 sur la Piazza delle Rovere.

Les incontournables
Basilica di Santa Maria in Trastevere

Cette ravissante église serait le plus ancien lieu de culte marial de Rome. Sur la façade une splendide mosaïque médiévale représente Marie allaitant Jésus, entourée de dix femmes. Deux d'entre elles sont voilées et portent une lampe éteinte, symbolisant leur veuvage, tandis que les lampes allumées des huit autres symbolisent leur virginité.

- Plan p. 122, B3
- 06 581 4802
- Piazza Santa Maria in Trastevere
- 7h30-21h sept-juil, 8h-12h et 16h-21h août
- Viale di Trastevere, Viale di Trastevere

Façade et balustrade de la basilique

Basilica di Santa Maria in Trastevere

L'architecture
L'église fut fondée au IIIe siècle à l'emplacement où aurait miraculeusement jailli une source d'huile. Elle doit ses formes romanes, en particulier celles du campanile et de la façade, à sa reconstruction au XIIe siècle. Le portique avec sa balustrade surmontée des statues de quatre papes fut ajouté par Carlo Fontana en 1702.

Les mosaïques
Les mosaïques dorées du XIIe siècle sont l'élément phare de la basilique. Dans l'abside, repérez l'incroyable représentation du Christ et de la Vierge entourés de plusieurs saints, ainsi que du pape Innocent II (tout à fait à gauche) tenant un modèle réduit de l'église. Au-dessous, les six mosaïques illustrant la vie de la Vierge furent réalisées par Pietro Cavallini (vers 1291).

L'intérieur
Remarquez les 21 colonnes antiques, dont certaines proviennent des thermes de Caracalla, le plafond en bois dessiné en 1617 par Le Dominiquin et, à droite de l'autel, un candélabre torsadé de style cosmatesque. La Cappella Avila mérite aussi le coup d'œil pour son étonnante coupole du XVIIe siècle. Le pavement cosmatesque à motifs géométriques est une reconstitution datant des années 1870 du pavement original du XIIIe siècle.

☑ À savoir

▶ Prenez le temps de flâner en observant le spectacle sur la place en face de l'église : c'est le cœur du Trastevere.

▶ Visitez l'église le matin ou en fin de journée quand la lumière douce fait ressortir toute la beauté de sa façade romane (actuellement bâchée pour cause de délicates restaurations)

✕ Une petite faim ?

Prenez un cappuccino ou un verre de bière le moins cher de Rome au Bar San Calisto (p. 121), bar encore résolument local à deux pas de la place de l'église et des touristes.

Pour une vraie cuisine romaine dans l'ambiance du Trastevere, allez à Da Augusto (p. 121), en arrivant à 12h30 pour être sûr d'avoir une table.

100% romain
Une soirée dans le Trastevere et le Janicule

Avec ses belles ruelles, ses places animées et son ambiance de carnaval, le Trastevere est l'un des quartiers les plus prisés de Rome pour sortir. Si les touristes l'adorent, les Romains l'apprécient tout autant, et débarquent en masse, en particulier par les douces soirées d'été, lorsque les vendeurs ambulants s'installent dans les ruelles pittoresques et que les bars débordent dans la rue.

❶ Vue depuis le Janicule

En début de soirée, le moment est idéal pour profiter de la vue depuis le Janicule. Si cette colline arborée, la plus haute de Rome, fut le théâtre de violents combats lors de l'unification italienne, c'est aujourd'hui un endroit paisible et romantique. Profitez de l'ambiance au **Bar Stuzzichini** (⏱7h30-1h ou 2h ; 🚃Passeggiata del Gianicolo) sur la Piazzale Giuseppe Garibaldi.

Une soirée dans le Trastevere et le Janicule

❷ Aperitivo au Freni e Frizioni
De retour dans l'animation du quartier, direction **Freni e Frizioni** (📞 06 4549 7499 ; www.freniefrizioni.com ; Via del Politeama 4-6 ; 🕐 19h-2h ; 🚏 Piazza Trilussa) pour un *aperitivo*. Ce bar toujours tendance attire une clientèle jeune, qui déborde sur la petite place pour siroter des cocktails (à partir de 10 €) et se jeter sur le buffet du bar (19h à 22h).

❸ Dîner à Da Augusto
Vous voulez goûter l'ambiance authentique du Trastevere ? Asseyez-vous à l'une des tables branlantes devant **Da Augusto** (📞 06 580 37 98 ; Piazza de' Renzi 15 ; repas 25 € ; 🕐 12h30-15h et 20h-23h ; 🚏 Viale di Trastevere, 🚊 Viale di Trastevere), sur l'une des plus jolies places du quartier, pour savourer une vraie cuisine de *mamma*, de copieuses assiettes de lapin, de veau, de *pataja* (intestins de veau) ou autre plat romain classique. L'hiver, on dîne sur des tables en formica dans la salle nue et inchangée depuis des décennies. Soyez prêt à faire la queue et à payer en liquide.

❹ Flânerie sur la Piazza di Santa Maria in Trastevere
La **Piazza di Santa Maria in Trastevere** (🚏🚊 Viale di Trastevere), principale place du Trastevere, est idéale pour s'imprégner de la vie du quartier. Le jour, on y voit des touristes et des habitants qui bavardent. Le soir, étudiants étrangers et jeunes Italiens y viennent. La fontaine octogonale est d'époque romaine et fut restaurée en 1692 par Carlo Fontana.

❺ Chocolat au Bar San Calisto
Adresse de connaisseurs, le **Bar San Calisto** (Piazza San Calisto 3-5 ; 🕐 6h-2h lun-sam ; 🚏🚊 Viale di Trastevere) est devenu une véritable institution prisée de tous. L'établissement est célèbre pour son chocolat chaud, servi avec de la crème en hiver et une glace en été et pour sa bière considérée comme la moins chère de Rome.

❻ Film à Nuovo Sacher
Rencontrez les cinéphiles passionnés de Rome au **Nuovo Sacher** (📞 06 581 81 16 ; www.sacherfilm.eu ; Largo Ascianghi 1 ; 🚏🚊 Viale di Trastevere), petit cinéma appartenant au célèbre réalisateur Nanni Moretti. Adresse bien connue pour ses événements cinématographiques, c'est l'endroit idéal pour voir les derniers films d'art et d'essai, régulièrement projetés en version originale.

❼ Blues à Big Mama
Pour écouter du blues dans la Ville éternelle, un seul endroit : **Big Mama** (📞 06 581 25 51 ; www.bigmama.it ; Vicolo di San Francesco a Ripa 18 ; 🕐 21h-1h30, concerts 22h30, fermé juin-sept ; 🚏🚊 Viale di Trastevere), dans un sous-sol exigu du Trastevere. Résidences hebdomadaires de musiciens italiens renommés, et concerts de blues, jazz, funk, soul et R&B donnés par des artistes étrangers.

122 Trastevere et Janicule

Autel de la Basilica di Santa Cecilia in Trastevere

Voir

Basilica di Santa Cecilia
in Trastevere   BASILIQUE

1 **Plan p. 122, D4**

Lieu de sépulture de la sainte patronne des musiciens, la basilique abrite une étonnante fresque de Pietro Cavallini du XIIIe siècle et une sculpture mystérieuse de Stefano Maderno représentant le corps miraculeusement conservé de sainte Cécile, mis au jour dans les catacombes de San Callisto en 1599. Il est également possible de visiter les fouilles de maisons romaines, dont l'une appartenait peut-être à sainte Cécile. (06 589 9289 ; www.benedettinesantacecilia.it ; Piazza di Santa Cecilia ; fresque et crypte 2,50 € chacune ; basilique et crypte 10h-13h et 16h-19h, fresque 10h-12h30 lun-sam ; Viale di Trastevere)

Galleria Corsini   GALERIE

2 **Plan p. 122, A1**

Le Palazzo Corsini, construit au XVe siècle et restauré dans le style Versailles par Ferdinando Fuga en 1736, connut une histoire remarquable. Michel-Ange, Érasme et Bramante y résidèrent, mais il est avant tout associé à la reine Christine de Suède, qui s'y installa en 1662, en fit un centre artistique – et y reçut de nombreux amants. Il abrite aujourd'hui une partie de la collection nationale, notamment le fascinant *San Giovanni Battista* (Saint Jean-Baptiste) du Caravage, le *Salome con la Testa di San Giovanni Battista* (Salomé avec la tête de saint Jean-Baptiste) de Guido Reni, le triptyque du Jugement dernier de Fra Angelico et des œuvres de Rubens, Poussin et Van Dyck. (Palazzo Corsini ; 06 6880 2323 ; www.barberinicorsini.org ; Via della Lungara 10 ; tarif plein/réduit 5/2,50 €, avec le Palazzo Barberini 10/5 € ; 8h30-19h30 mer-lun ; Lungotevere della Farnesina)

Villa Farnesina ÉDIFICE HISTORIQUE

3 Plan p. 122, A1

L'intérieur de cette belle villa du XVIe siècle est intégralement recouvert de fresques. Plusieurs d'entre elles, situées dans la *loggia* de Cupidon et Psyché et dans la *loggia* de Galatée, au rez-de-chaussée, sont attribuées à Raphaël. Au 1er étage, les fresques éblouissantes de Peruzzi dans le Salone delle Prospettive forment de superbes colonnades en trompe-l'œil avec un panorama de la Rome du XVIe siècle. (06 6802 7268 ; www.villafarnesina.it ; Via della Lungara 230 ; tarif plein/réduit 6/5 €, visite guidée 4 € ; 9h-14h lun-sam, 9h-17h 2e dim du mois ; Lungotevere della Farnesina)

Villa Doria Pamphilj MONUMENT, PARC

4 Plan p. 122, A3

Plus grand parc de Rome, la villa Doria Pamphilj est l'un des lieux favoris des Romains pour échapper un moment à l'agitation de la ville. Jadis vaste domaine privé, il fut aménagé vers 1650 pour le prince Camillo Pamphilj, neveu du pape Innocent X. Ses immenses étendues vallonnées sont ombragées par ces pins parasols typiques du paysage romain. Au centre se dresse la résidence d'été du prince, le Casino del Belrespiro (qui sert à présent au gouvernement), au cœur d'un jardin méticuleusement soigné et planté d'agrumes. (du lever au coucher du soleil ; Via di San Pancrazio)

Orto Botanico JARDINS

5 Plan p. 122, A2

Jadis parc privé du Palazzo Corsini, le jardin botanique de Rome est un bijou méconnu de 12 ha sur les pentes du Janicule, avec un côté légèrement négligé, idéal pour se reposer à l'ombre d'un arbre. Des plantes y sont cultivées depuis le XIIIe siècle, mais le jardin a pris son aspect actuel en 1883 quand le domaine du palais fut concédé à l'université de Rome. Il abrite aujourd'hui quelque 8 000 espèces, dont certaines des plus rares d'Europe. (Jardin botanique ; 06 4991 7107 ; Largo Cristina di Svezia 24 ; tarif plein/réduit 8/4 € ; 9h-18h30 lun-sam avr-oct, 9h-17h30 nov-mars ; Lgt della Farnesina, Piazza Trilussa)

Janicule COLLINE

6 Plan p. 122, A3

Verdoyante colline, le Janicule (Gianicolo) est émaillé de monuments à la gloire de Garibaldi et de son armée qui repoussèrent les Français venus au secours du pape lors d'une des batailles les plus féroces de la lutte pour l'unité italienne qui se déroula, en 1849, à cet emplacement. Un énorme **monument** (Passeggiata del Gianicolo) commémore Garibaldi sur le Piazzale Giuseppe Garibaldi, et une **statue équestre** (Passeggiata del Gianicolo) représente son épouse brésilienne, Anita, à environ 200 m sur le Piazzale Anita Garibaldi ; elle était enceinte, quand, peu après le siège, elle mourut de la malaria. (Janiculum)

Se restaurer

La Prosciutteria   TOSCAN €

7 Plan p. 122, B2

Pour goûter aux délices de la Toscane à Rome, allez déjeuner ou prendre un sublime *aperitivo* dans cette *prosciutteria* (maison du jambon) florentine où des dizaines de jambons, de salamis et de saucissons pendent au plafond. Des *taglieri* (planches) composés à la demande de charcuteries, fromages, fruits et/ou légumes accompagneront merveilleusement votre Brunello di Montalcino ou votre simple Chianti Classico. (06 6456 2839 ; www.laprosciutteria.com/roma-trastevere ; Via della Scala 71 ; planche 5 €/pers ; 11h-23h30 ; Piazza Trilussa)

Da Enzo   TRATTORIA €

8 Plan p. 122, D3

Cette trattoria résolument traditionnelle (murs ocre, nappes à carreaux rouges et menu classique) doit son caractère exceptionnel à la qualité de ses produits qu'elle sélectionne avec soin auprès des producteurs locaux, souvent des fermes du Latium. Ses artichauts frits à la juive, quand c'est la saison, et sa *pasta cacio e pepe* (pâtes au fromage et au poivre noir) sont parmi les meilleurs de Rome. (06 581 22 60 ; www.daenzoal29.com ; Via dei Vascellari 29 ; repas 30 € ; 12h30-15h et 19h-23h Lun-sam ; Viale di Trastevere, Viale di Trastevere)

Panattoni   PIZZA €

9 Plan p. 122, C3

Surnommé "ai Marmi" ou encore *l'obitorio* (la morgue) en référence à ses plateaux de table en marbre, Panattoni est la pizzeria la plus

---

100% romain

Fior di Luna

De l'avis de nombreux Romains, le petit glacier **Fior di Luna** (plan p. 122, C3 ; 06 6456 1314 ; http://fiordiluna.com ; Via della Lungaretta 96 ; *gelato* à partir de 1,70 € ; 11h30-23h30 Pâques-oct, jusqu'à 21h mar-dim nov-Pâques ; Viale di Trastevere, Viale di Trastevere) fait les meilleurs *gelati* et sorbets artisanaux qui soient, fabriqués en petites quantités avec des ingrédients naturels de saison. Parmi les favoris : noix et miel, yoghourt à la myrtille, kiwi (avec les graines) et pistache.

 **100% romain**

Grattachecca

Par les chaudes soirées d'été, les Romains n'aiment rien tant que savourer la fraîcheur d'une *grattachecca* (glace pilée recouverte de fruits et de sirop) en se baladant sur les berges du Tibre jalonnées de kiosques propres à satisfaire leur envie comme la **Sora Mirella Caffè** (plan p. 122, D3 ; Lungotevere degli Anguillara ; grattachecca 3-6 € ; 11h-3h mai-sept ; Lungotevere degli Anguillara), près du Ponte Cestio.

populaire du Trastevere. Tout y est : pizzas à pâte super fine, ambiance super animée, serveurs bougons, tables en terrasse et délicieuses entrées frites (*supplì*, *baccalà* et fleurs de courgettes sont sublimes). (Ai Marmi ; 06 580 09 19 ; Viale di Trastevere 53 ; pizzas 6,50-9 € ; 18h30-1h jeu-mar ; Viale di Trastevere, Viale di Trastevere)

Forno La Renella BOULANGERIE €

Assis au comptoir, il est fascinant de voir derrière la vitre ronfler les fours à bois et officier les maîtres pizzaiolos de cette boulangerie en activité depuis 1870 où sont produits à longueur de journée de délicieux pains, pizzas (9 à 18 €/kg) et biscuits. Les garnitures proposées varient selon les saisons, pour la plus grande joie d'une clientèle éclectique. (06 581 72 65 ; www.panificiolarenella.com ; Via del Moro 15-16 ; part de pizza à partir de 2,50 € ; 7h-2h mar-sam, jusqu'à 22h dim-lun ; Piazza Trilussa)

Da Teo TRATTORIA €€

Trattoria romaine classique, Da Teo est pris d'assaut par la clientèle locale qui se délecte de plats traditionnels romains, comme la *pasta cacio e pepe* (pâtes au fromage et au poivre noir) et, en saison, les meilleurs artichauts qui soient, à la juive (frits) ou à la romaine (farci au persil et à l'ail et cuits à l'eau). Pour respecter la tradition des trattorias, Teo ne sert ses gnocchis maison que le jeudi. Réservation indispensable. (06 581 83 55 ; www.trattoriadateo.it ; Piazza dei Ponziani 7 ; repas 30 € ; 12h30-15h et 19h30-23h30 lun-sam ; Viale di Trastevere, Viale di Trastevere)

Prendre un verre

Pimm's Good BAR

"Anyone for Pimm's ?" écrit en gros sur le miroir donne le ton de ce bar qui a toujours autant de succès avec sa grande spécialité de Pimm's, version classique ou version cocktails variés (10 €). Les barmen ont le sens de la fête et l'art de vous concocter de sacrés cocktails. Sa terrasse très animée, à l'angle d'une rue, est éclairée et réchauffée en hiver par des radiateurs d'extérieur. (06 9727 7979 ;

Prendre un verre

Dîner en terrasse dans le Trastevere

www.facebook.com/pimmsgood ; Via di Santa Dorotea 8 ; ⊙10h-2h ; 🛜 ; 🚌Piazza Trilussa)

Keyhole
BAR À COCKTAILS

13 Plan p. 122, C3

Dernier-né de la vague *speakeasy*, le Keyhole coche toutes les cases : aucune enseigne ou nom à l'extérieur, une porte noire couverte de serrures, une ambiance rappelant la Prohibition avec canapés Chesterfield et lumières tamisées, et un étonnant choix de cocktails. Vous ne savez pas quoi commander ? Demandez aux talentueux mixologues de vous concocter votre cocktail sur mesure – à partir de 10 €. (Via Arco di San Calisto 17 ; ⊙22h-2h ; 🚌Viale di Trastevere, 🚌Viale di Trastevere)

Rivendita Libri, Cioccolata e Vino
BAR À COCKTAILS

14 Plan p. 122, B2

Pas d'endroit meilleur, ni plus amusant, dans Rome pour un "Kamasutra", un "69", un "Sadomaso" ou un "Menage a Trois" (*sic*) que ce bar à cocktails original où l'on se fait des shots aux noms coquins dans des verres en chocolat remplis de divers types d'alcool et surmontés de chantilly. Autant dire qu'il y a foule tous les soirs à partir de 22h environ. (📞06 5830 1868 ; www.facebook.com/cioccolateriatrastevere ; Vicolo del Cinque 11a ; shot 3-5 € ; ⊙19h-2h lun-ven, 14h-2h sam-dim ; 🚌Piazza Trilussa)

> ## Comprendre
> ### Salute !
>
> **Aperitivo** Mode milanaise reprise par les Romains, l'*aperitivo* désigne le verre que l'on prend avant le dîner, entre 18h et 21h environ, et qui s'accompagne d'un buffet de petits en-cas offerts par les bars et certains restaurants (environ 5 à 10 € pour une boisson et des assiettes à volonté). Nombre d'étudiants et de Romains soucieux d'économies transforment l'*aperitivo* en *apericena* (qui remplace le dîner).
>
> **Enoteche** L'*enoteca* était un genre de bar à vins où l'on venait boire la piquette locale souvent tirée au fût. Aujourd'hui, les *enoteche* sont beaucoup plus raffinés en proposant des millésimes italiens et étrangers et de délicieux fromages et charcuteries, mais il y règne toujours une atmosphère particulière.
>
> **Bars** À côté du café-bar italien classique, inchangé depuis des décennies, Rome compte de très nombreux bars chics, les uns à la déco très recherchée et aux cocktails ésotériques, d'autres décontractés et devenus de véritables institutions, comme Freni e Frizioni (p. 121), avec une longévité rare ailleurs.

Il Barretto   BAR

15 Plan p. 122, A3

Aventurez-vous un peu sur le Janicule, en gravissant la volée de marches de la Via Garibaldi depuis le Trastevere. Le bar à cocktails que l'on découvre à l'arrivée mérite l'effort. L'intérieur marie vintage et pop art, et le personnel est très tendance. (📞 06 589 60 55 ; www.ilbarrettoroma.com ; Via Garibaldi 27 ; ⏱ 7h-2h lun-sam ; 🚌 Piazza Sonnino)

Bir & Fud   BIÈRE ARTISANALE

16 Plan p. 122, B2

Dans une rue étroite jalonnée de bars bruyants, ce bar-pizzeria mérite une mention pour sa formidable sélection de *bir* (bières) artisanales, souvent à la pression, et sa savoureuse *fud* (nourriture), en particulier ses excellentes pizzas à la napolitaine cuites au feu de bois. (📞 06 589 40 16 ; www.birandfud.it ; Via Benedetta 23 ; ⏱ 12h-2h ; 🚌 Piazza Trilussa)

Sortir

Lettere Caffè   MUSIQUE LIVE

17 Plan p. 122, C4

Vous aimez la littérature ? La poésie ? Le blues et le jazz ? Vous allez adorer cette adresse pleine de livres et de tabourets de bar, où sont régulièrement organisés des concerts, des soirées slam ou comédie, des nuits gays, ainsi que des sets de

DJ spécialisés électro, indie et new wave. L'*aperitivo,* accompagné d'un appétissant buffet végétarien, est servi entre 19h et 21h. (340 004 41 54 ; www.letterecaffe.org ; Vicolo di San Francesco a Ripa 100-101 ; 18h-2h, fermé mi-août à mi-sept ; Viale di Trastevere)

Shopping

Biscottificio Innocenti
ALIMENTATION

18 Plan p. 122, D3

Pour les biscuits, petites meringues et minitartes aux fruits faits maison, il n'y a pas meilleure adresse à Rome que cette *biscottificio* à l'ancienne avec ses carreaux de céramique, son rideau de porte et ses vieilles balances pour peser les biscuits (16-24 €/kg). Stefania tient la boutique depuis des décennies avec toujours le même amour et la même passion. (06 580 39 26 ; www.facebook.com/biscottificioInnocenti ; Via delle Luce 21 ; 8h-20h lun-sam, 9h30-14h dim ; Viale di Trastevere, Viale di Trastevere)

Antica Caciara Trasteverina
ALIMENTATION ET BOISSONS

19 Plan p. 122, B4

La ricotta fraîche est une denrée précieuse dans cette épicerie centenaire : le stock en est habituellement écoulé dès midi. Si vous arrivez trop tard, consolez-vous avec la sublime *ricotta infornata* (cuite au four), le fameux *pecorino romano* DOP (16,50 €/kilo) en tomes de 35 kg recouvertes de cire noire ou le *guanciale* (lard de bajoue) qui n'attend que d'être coupé en dés et rissolé pour parfumer comme il se doit la carbonara. (06 581 28 15 ; www.anticacaciara.it ; Via San Francesco a Ripa 140 ; 7h-14h et 16h-20h lun-sam ; Viale di Trastevere, Viale di Trastevere)

Benheart
MODE ET ACCESSOIRES

20 Plan p. 122, B2

Sol en résine coloré, machine à écrire d'autrefois, téléphone à cadran participent du charme de cette boutique de cuir artisanal. Benheart, jeune styliste florentin, déborde de talent et ses chaussures mode faites à la main (à partir de 190 €) ainsi que ses vestes pour hommes et femmes sont superbes. (06 5832 0801 ; www.benheart.it ; Via del Moro 47 ; 11h-23h ; Piazza Triussa)

Porta Portese
MARCHÉ

21 Plan p. 122, C5

Un immense marché aux puces toujours bondé composé de milliers d'étals croulant sous toutes sortes de marchandises : des livres rares aux vélos tombés du camion, en passant par les ponchos péruviens. Surveillez bien vos objets de valeur et préparez-vous à négocier. (Piazza Porta Portese ; 6h-14h dim ; Viale di Trastevere)

Explorer

Cité du Vatican et Prati

La Cité du Vatican, séparée du centre historique par le Tibre, est le plus petit État souverain du monde. Centré autour de la basilique Saint-Pierre, il abrite certains des plus illustres chefs-d'œuvre d'Italie, dont beaucoup dans les vastes musées du Vatican. Non loin, l'imposant château Saint-Ange domine le quartier du Borgo et le Prati qui offre d'excellents hébergements, restaurants et commerces.

Explorer

L'essentiel en un jour

☀️ Partez dès l'aube pour éviter les files d'attente aux **musées du Vatican** (p. 132), qui abritent l'une des plus belles collections d'œuvres d'art au monde. Vous ne pourrez pas tout voir en une fois, mais ne manquez pas le **Cortile Ottagono (p. 133)**, avec ses superbes sculptures classiques, les fresques des **Stanze di Raffaello** (p. 135) et, bien entendu, la **chapelle Sixtine** (p. 135). Vous pourrez ensuite méditer sur le tout lors d'un déjeuner léger à **Il Sorpasso** (p. 144).

☀️ L'après-midi, direction la **place Saint-Pierre** (p. 142, photo de gauche), qui mène à l'impérieux joyau du Vatican qu'est la **basilique Saint-Pierre** (p. 136). Admirez l'impressionnant intérieur en marbre et montez dans le dôme, puis descendez la Via della Conciliazione pour clore la journée au fameux **château Saint-Ange** (p. 142).

🌙 Le soir, offrez-vous une cuisine moderne romaine au **Ristorante L'Arcangelo** (p. 144) avant d'aller assister à un concert à l'**Alexanderplatz** (p. 145), haut lieu du jazz.

Les incontournables

Musées du Vatican (p. 132)

Basilique Saint-Pierre (p. 136)

❤️ Le meilleur du quartier

Histoire
Basilique Saint-Pierre (p. 136)

Restaurants
Fa-Bìo (p. 143)
Fatamorgana (p. 144)

Architecture
Basilique Saint-Pierre (p. 136)
Place Saint-Pierre (p. 142)

Culture
Alexanderplatz (p. 145)

Comment y aller

🚌 **Bus** Depuis Termini, le bus n°40 rejoint le Vatican rapidement. Même trajet avec le bus n°64 mais arrêts plus fréquents. Le bus n°81 mène à la Piazza del Risorgimento via San Giovanni et le centre historique.

Ⓜ️ **Métro** En sortant de la station Ottaviano-San Pietro (ligne A), suivre les panneaux Saint-Pierre.

🚋 **Tramway** La ligne n°19 dessert la Piazza del Risorgimento en reliant San Lorenzo, le Viale Regina Margherita et la Villa Borghese.

Les incontournables
Musées du Vatican

La visite des Musei Vaticani est une expérience palpitante et inoubliable. Avec quelque 7 km d'expositions et plus de chefs-d'œuvre que n'en comptent beaucoup de petits pays, ce vaste musée constitue l'un des plus beaux ensembles artistiques du monde. Les temps forts de la visite sont la collection spectaculaire de statues classiques dans le Museo Pio Clementino, la suite de pièces avec des fresques de Raphaël et, bien entendu, la chapelle Sixtine, peinte par Michel-Ange.

- Plan p. 140, C3
- 06 6988 4676
- www.museivaticani.va
- Viale Vaticano
- Tarif plein/réduit 16/8 €, gratuit dernier dim du mois
- 9h-18h lun-sam, 9h-14h dernier dim du mois
- M Ottaviano-San Pietro

Sala Rotonda, Museo Pio-Clementino

Musées du Vatican

Pinacothèque
Souvent négligée par les visiteurs, la pinacothèque pontificale contient des peintures allant du XIe au XIXe siècle, dont des œuvres de Fra Angelico, Titien, Caravage et Léonard de Vinci.

Museo Chiaramonti & Braccio Nuovo
Ce musée consiste en une longue galerie au 1er étage de l'aile est du palais du Belvédère. Presque au bout, sur la droite, le **Braccio Nuovo** (Nouvelle Aile) abrite notamment une célèbre statue du dieu Nil sur lequel batifolent 16 bambins.

Museo Pio-Clementino
Sur la gauche en entrant dans le **Cortile Ottagono** (cour octogonale), observez l'*Apollon du Belvédère,* une copie romaine du IIe siècle d'un bronze grec du IVe siècle av. J.-C., considéré comme l'un des grands chefs-d'œuvre de la sculpture antique. La **Sala degli Animali** est quant à elle remplie de sculptures d'animaux et de magnifiques mosaïques du IVe siècle.

Galleria delle Carte Geografiche
Trésor méconnu des musées du Vatican, la galerie des Cartes, longue de 120 m, est tapissée de quarante cartes topographiques, toutes réalisées de 1580 à 1583 pour le pape Grégoire XIII d'après les relevés d'Ignazio Danti, l'un des grands cartographes de cette époque.

Museo Gregoriano Egizio
Ce musée fondé en 1836 par le pape Grégoire XVI possède des pièces rapportées d'Égypte sous l'Empire romain. Le fonds est assez réduit, mais il comporte des œuvres splendides, dont le trône de Ramsès II, qui faisait partie d'une statue représentant le souverain assis, ainsi que des sarcophages en bois colorés datés d'environ 1 000 ans av. J.-C. et quelques momies.

☑ À savoir

▶ Les musées sont gratuits le dernier dimanche du mois.

▶ Les explications sont succinctes dans les salles : songez à louer un audioguide (7 €) ou à acheter *Le Guide des musées et de la cité du Vatican* (14 €).

▶ Pour éviter les files d'attente, réservez vos billets en ligne (biglietteriamusei. vatican.va/musei/tickets/ do ; 4 € de frais).

▶ Essayez de venir mardi, jeudi et mercredi matin. Évitez le lundi.

✗ Une petite faim ?

Il y a un self-service près de la Pinacothèque, et un bar au niveau de l'escalier menant à la chapelle Sixtine.

Pour quelque chose de plus authentique, quittez le musée pour aller à Pizzarium (p. 143), l'un des meilleurs établissements de *pizza al taglio* (part de pizza) de Rome.

Musées du Vatican

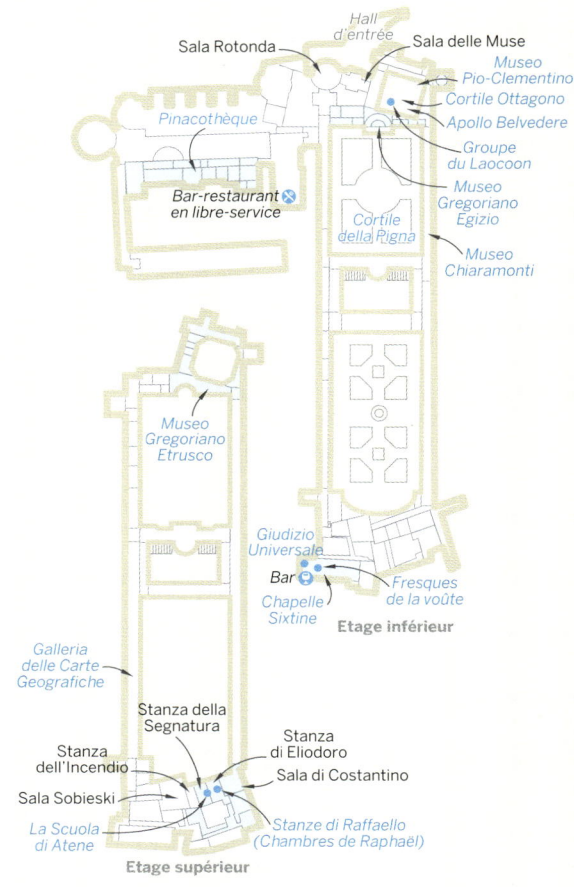

Musées du Vatican

Fresques de Raphaël dans la Stanza della Segnatura

Museo Gregoriano Etrusco

Au sommet de l'escalier Simonetti (XVIIIe siècle), ce musée renferme des objets retrouvés dans les tombeaux étrusques ainsi qu'une collection de vases et d'antiquités romaines.

Stanze di Raffaello

Ces quatre salles ornées de fresques, étaient les appartements privés du pape Jules II. Raphaël a peint la **Stanza della Segnatura** (bureau ; 1508-1511) et la **Stanza di Eliodoro** (salle d'audience ; 1512-1514) alors que la **Stanza dell'Incendio** (salle à manger ; 1514-1517) et la **Sala di Costantino** (salle de réception ; 1517-1524) furent décorées par ses élèves.

Chapelle Sixtine – La voûte

Peindre 800 m² de fresque à plus de 20 m de haut représentait pour Michel-Ange un défi. L'artiste, qui avait hésité à accepter la commande du pape Jules II, réalisa un projet plus ambitieux que demandé : il recouvrit la voûte de neuf épisodes de la Genèse, dont la célèbre *Création d'Adam*, encadrés de 20 *Ignudi* (nus masculins) qui firent scandale.

Chapelle Sixtine – Le Jugement dernier

Lors de sa seconde intervention dans la chapelle Sixtine (1535-1541), Michel-Ange peignit l'émouvante fresque du Jugement dernier (*Giudizio Universale*) qui recouvre les 200 m² du mur ouest.

Les incontournables
Basilique Saint-Pierre

Aucune église ne peut rivaliser avec Saint-Pierre, la plus vaste et la plus spectaculaire basilique d'Italie. Des siècles de génie artistique s'inscrivent dans ce monument riche d'œuvres d'art et d'architecture dont trois des plus célèbres d'Italie : la *Pietà* de Michel-Ange, la coupole de Michel-Ange et le baldaquin du Bernin qui surmonte l'autel papal.

La coupole
L'accès à la **coupole** (avec/sans ascenseur 8/6 € ; 8h-18h été, jusqu'à 17h hiver ; Piazza del Risorgimento, M Ottaviano-San Pietro) s'effectue à droite du

- Plan p. 140, C4
- 06 6988 5518
- www.vatican.va
- Piazza San Pietro
- Entrée gratuite
- 7h-19h l'été, 7h-18h30 l'hiver
- M Ottaviano-San Pietro

Statues du Christ, de saint Jean-Baptiste et des apôtres couronnant la balustrade de la basilique.

Basilique Saint-Pierre

portique principal de la basilique. On peut gravir les 551 marches conduisant au sommet ou emprunter un ascenseur ne laissant à gravir que les 320 dernières marches. Dans les deux cas, l'ascension est longue, mais vous en serez récompensé par une vue spectaculaire, 120 m au-dessus de la place Saint-Pierre.

La façade

Édifiée entre 1608 et 1612, la façade de Carlo Maderno mesure 48 m de haut sur 115 m de long. Huit colonnes de 27 m de haut supportent la corniche. La balustrade est ornée de 13 statues représentant le Christ Rédempteur, saint Jean-Baptiste et 11 apôtres. Au centre, la **Loggia delle Benedizioni** (loge des bénédictions) est le balcon d'où le pape donne sa bénédiction *Urbi et Orbi* à Noël et à Pâques.

Sur l'entablement, une inscription en latin signifie "En l'honneur du Prince des Apôtres, Paul V Borghèse, Souverain Pontife Romain, en l'An 1612, le VIIe de son pontificat".

Intérieur – nef centrale

Le baldaquin du Bernin culmine au centre de l'église à 29 m de haut. Reposant sur quatre colonnes torsadées et fait de bronze provenant du Panthéon, il s'élève au-dessus de l'**autel papal**, aussi baptisé autel de la Confession. Au pied de l'autel s'ouvre la **chapelle de la Confession** édifiée par Carlo Maderno au-dessus du tombeau de saint Pierre.

Au-dessus du baldaquin, la **coupole** de Michel-Ange culmine à 119 m. Inspirée de la coupole de Brunelleschi à Florence, elle repose sur 4 piliers en pierre portant les noms des saints dont les statues ornent les niches conçues par le Bernin. Ces saints sont en rapport avec les quatre grandes reliques conservées dans la basilique : la lance utilisée par saint Longin pour transpercer le flanc du Christ, le voile avec lequel sainte Véronique essuya le visage

☑ À savoir

▶ Portez une tenue correcte (short, minijupe et débardeur sont à proscrire).

▶ D'octobre à fin mai, des visites guidées gratuites de la basilique sont proposées en anglais par des séminaristes du Pontifical North American College. Elles débutent habituellement à 14h15 du lundi au vendredi depuis l'Ufficio Pellegrini e Turisti.

▶ Les files d'attente, inévitables aux contrôles de sécurité, avancent vite.

▶ Il y a généralement moins de monde à l'heure du déjeuner et en fin d'après-midi.

✗ Une petite faim ?

Évitez les pièges à touristes des abords de la basilique en allant dans le Prati voisin où le choix est plus large. Pour une salade ou un savoureux *panino*, allez chez Fa-Bìo (p. 143), le top du bio à emporter. Pour un repas plus consistant, rejoignez la clientèle chic du quartier, à Il Sorpasso (p. 144).

du Christ, un fragment de la vraie Croix recueilli par sainte Hélène et la tête de saint André.

À la base du pilier de saint Longin, la statue en bronze de saint Pierre, attribuée à Arnolfo Di Cambio, daterait du XIIIe siècle. Son pied droit est usé à force d'avoir été touché par les pèlerins.

Derrière l'autel papal, l'extraordinaire trône de saint Pierre en bronze doré (Cattedra di San Pietro) du Bernin est soutenu par quatre statues de saints de 5 m de haut. Le siège de bois au centre date du IXe siècle.

Intérieur – transept et nef gauches

Dans la partie du transept gauche barrée par un cordon, cette **chapelle** doit son nom à la Vierge qui figure sur l'autel de marbre de Giacomo della Porta.

À sa droite, le beau bas-relief sculpté au-dessus du tombeau de saint Léon-le-Grand est l'œuvre d'Alessandro Algardi. Sous l'arcade suivante, le **monument à Alexandre VII** fut la dernière œuvre du Bernin pour la basilique.

À mi-hauteur du côté gauche, la **Cappella Clementina** doit son nom au pape Clément VIII, qui la fit décorer par Giacomo della Porta pour le Jubilé de 1600. Sous l'autel se trouve le tombeau de saint Grégoire-le-Grand et, à gauche de l'autel, le monument au pape Pie VII réalisé par Thorvaldsen.

L'arcade suivante abrite le monument à Léon XI exécuté par Alessandro Algardi au XVIe siècle. Derrière, la riche décoration de la **Cappella del Coro** fut réalisée par Giovanni Battista Ricci sur des dessins de Giacomo della Porta.

Basilique Saint-Pierre

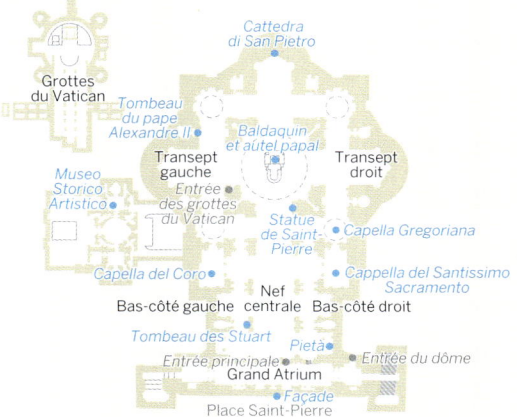

Basilique Saint-Pierre

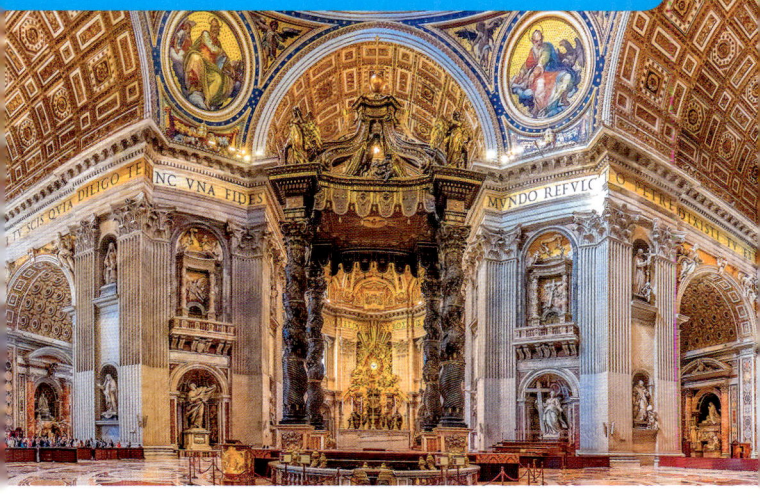

L'autel papal et le baldaquin du Bernin (p. 137)

Plus loin, la **Cappella della Presentazione** renferme deux œuvres plus récentes : un monument à Jean XXIII, bas-relief noir d'Emilio Greco, et un monument à Benoît XV de Pietro Canonica.

Viennent ensuite les **monuments aux Stuart** : à droite le monument à Marie-Clémentine Sobieski, épouse de Jacques III Stuart, par Filippo Barigioni, et à gauche la stèle funéraire par Canova des trois derniers Stuart, prétendants au trône d'Angleterre morts en exil à Rome.

Intérieur – nef et transept droits

Au bas de la nef droite, la superbe **Pietà** sculptée par Michel-Ange en 1499, alors qu'il avait à peine 25 ans. C'est la seule de ses œuvres qu'il signa (sur la ceinture autour de la poitrine de la Vierge).

Juste après, le monument à la reine Catherine de Suède, en bronze doré, rend hommage à cette souveraine qui abdiqua pour se convertir au catholicisme en 1655.

Plus loin, on découvre la tombe du pape Jean-Paul II puis une **chapelle baroque** décorée d'œuvres de Borromini, du Bernin et de Pietro da Cortona.

Après cette chapelle, un grandiose monument à Grégoire VII se dresse près de la **Cappella Gregoriana** construite par Grégoire XIII sur des dessins de Michel-Ange, mais dont un cordon interdit l'accès.

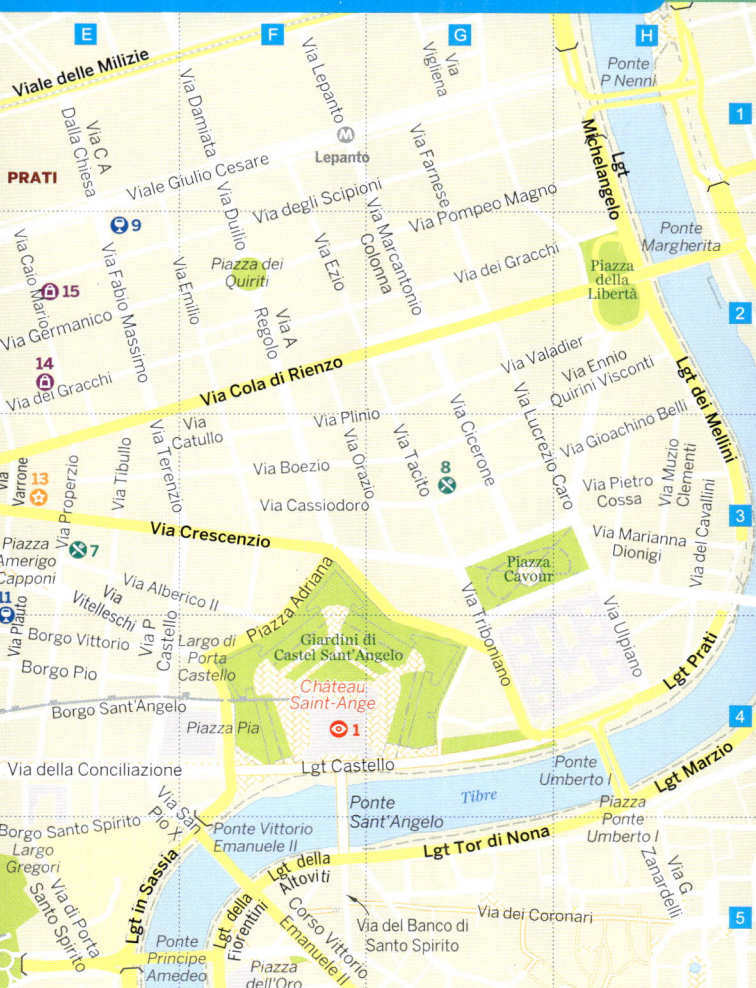

Bon plan

Audiences papales

Le pape donne une audience publique le mercredi à 10h, habituellement sur la place Saint-Pierre, ou parfois dans l'**Aula delle Udienze Pontificie Paolo VI** (salle d'Audience Paul VI) voisine. Le billet est gratuit, mais doit être demandé à l'avance. Aucun billet n'est requis pour assister à la bénédiction du pape le dimanche à midi sur la place Saint-Pierre. Pour en savoir plus, voir le site du Vatican (www.vatican.va/various/prefettura/index_en.html).

Voir

Château Saint-Ange MUSÉE, CHÂTEAU

1 Plan p. 140, F4

Avec sa silhouette ronde et trapue, le Castel Sant'Angelo est immédiatement reconnaissable. Construit à l'origine pour servir de mausolée à l'empereur Hadrien, il fut reconverti en forteresse pontificale au VIe siècle et ainsi nommé en référence à une vision qu'eut le pape Grégoire Ier en 590. Aujourd'hui, il abrite le **Museo Nazionale di Castel Sant'Angelo** et sa collection de peintures, de sculptures, d'objets militaires et d'armes à feu médiévales. (06 681 91 11 ; www.castelsantangelo.beniculturali.it ; Lungotevere Castello 50 ; tarif plein/réduit 10/5 € ; 9h-19h30, vente de billet jusqu'à 18h30 ; Piazza Pia)

Place Saint-Pierre PLACE

2 Plan p. 140, D4

Dominée par la basilique Saint-Pierre, la place centrale du Vatican a été construite entre 1656 et 1667 d'après un dessin de Gian Lorenzo Bernini. Vue du ciel, elle ressemble à un grand trou de serrure avec deux colonnades semi-circulaires, consistant chacune en quatre rangées de colonnes doriques encerclant une ellipse géante qui se resserre pour guider les croyants vers la basilique. C'était un effet délibéré : le Bernin avait décrit les colonnades comme représentant "les bras maternels de l'Église". (Piazza San Pietro ; Ottaviano-San Pietro)

Jardins du Vatican JARDINS

3 Plan p. 140

La moitié de la Cité du Vatican (44 ha) est couverte par des jardins, méticuleusement entretenus, qui renferment des fortifications, des grottes, des fontaines, de monuments et le minuscule héliport de l'État. On peut les découvrir dans le cadre de visites guidées (2 heures) en réservant au moins une semaine à l'avance. Après cette visite guidée, vous pouvez visiter librement les Musées du Vatican. (www.museivaticani.va ; tarif plein/réduit Musées du Vatican inclus 32/24 € ; uniquement sur réservation ; Piazza del Risorgimento, Ottaviano-San Pietro)

Se restaurer

Vue aérienne des jardins du Vatican

Se restaurer

Pizzarium

PIZZA À LA PART €

4 Plan p. 146, A3

La file d'attente à l'heure du déjeuner en hiver, en dit long ! Cette boutique de Gabriele Bonci, le roi de la pizza à Rome, sert la meilleure pizza à emporter de la capitale. La pâte est délicieuse et les garnitures originales et de saison. Coupées aux ciseaux, les parts carrées sont servies sur de petits cartons pour être emportées facilement. Tentez également les *supplì* (croquettes de riz). (✆06 3974 5416 Via della Meloria 43 ; part de pizza 5 € ; ⏲11h-22h ; Ⓜ Cipro-Musei Vaticani)

Fa-Bìo

SANDWICHS €

5  Plan p. 140

Sandwichs, wraps, salades et jus de fruits frais à emporter sont ici tous préparés, vite et bien, à partir d'ingrédients bio. Habitants du quartier, guides touristiques du Vatican et visiteurs apprécient cet endroit sympathique pour déjeuner rapidement. L'intérieur est tout petit, mais si vous trouvez une place, profitez-en. (✆06 6452 5810 ; www.fa-bio.com ; Via Germanico 43 ; sandwichs 5 € ; ⏲10h30-17h30 lun-ven, jusqu'à 16h sam ; 🚍Piazza del Risorgimento, Ⓜ Ottaviano-San Pietro)

Fatamorgana GLACIER €

6 Plan p. 140

La boutique du Prati de l'excellente chaîne de *gelateria*, Fatamorgana. Outre les parfums classiques, vous y trouverez quelques merveilleuses créations dont l'étonnant mais délicieux *basilico, miele e noci* (noisette, miel et basilic). (www.gelateriafatamorgana.it ; Via Leone IV 52 ; gelato 2,50-5 € ; ⏱12h-23h été, jusqu'à 21h hiver ; MOttaviano-San Pietro)

Il Sorpasso ITALIEN €€

7 Plan p. 140, E3

Bar-restaurant au look vintage (tables en bois, briques apparentes), Il Sorpasso est Le lieu en vogue dans le Prati. Ouvert toute la journée, il s'adresse à une clientèle branchée avec une carte allant des pâtes spéciales aux salades, en passant par les *trapizzini* (pizzas en cornet) et des cocktails. (☎06 8902 4554 ; www.sorpasso.info ; Via Properzio 31-33 ; repas 20-35 € ; ⏱7h-1h lun-ven, 9h-1h sam ; Piazza del Risorgimento)

Ristorante L'Arcangelo GASTRONOMIE €€€

8 Plan p. 140, G3

Ressemblant à un petit bistro, avec ses banquettes en cuir, ses boiseries et ses tables sans prétention, L'Arcangelo est très prisé des gens du quartier. Sa cuisine moderne et créative conserve un caractère typiquement romain par son utilisation d'ingrédients traditionnels comme le ris de veau ou la *baccalà* (morue). Autre plus : sa carte des vins avec quelques intéressants producteurs italiens. (☎06 321 09 92 ; www.larcangelo.com ; Via Guiseppe G Belli 59 ; repas 50 € ; ⏱13h-14h30 lun-ven et 20h-23h lun-sam ; Piazza Cavour)

Prendre un verre

Sciascia Caffè CAFÉ

9 Plan p. 140, E2

La concurrence en matière de café est rude à Rome, mais, pour nous, rien ne vaut celui de cet établissement à l'élégance intemporelle : un expresso onctueux servi dans une tasse fine tapissée de chocolat fondu. Tout simplement grandiose ! (☎06 321 15 80 ; Via Fabio Massimo 80/A ; ⏱7h-20h30 lun-sam, 8h-20h dim ; MOttaviano-San Pietro)

Be.re BIÈRE ARTISANALE

10 Plan p. 140

Les amateurs de bière artisanale ont applaudi l'ouverture, fin 2016, de ce bar contemporain. Hauts plafonds voûtés, décor de brique apparente, robinetterie en cuivre, l'endroit a fière allure pour goûter à son vaste choix de bières artisanales. Et si vous avez une petite faim, il y a un Trappizino à côté où acheter de quoi grignoter. (☎06 9442 1854 ; www.be-re.eu ; Piazza del Risorgimento, angle Via Vespasiano ; ⏱10h-2h ; Piazza del Risorgimento)

Makasar Bistrot

BAR À VINS, SALON DE THÉ

11 Plan p. 140, E4

Prenez un verre dans ce bistrot calme pour recharger vos batteries. Jetez votre dévolu sur l'une des 250 variétés de thé à la carte ou optez pour un vin italien et détendez-vous dans ce cadre aux nuances couleur terre et aux lumières douces. L'établissement propose aussi une petite carte de salades, *bruschetta* et plats chauds. (06 687 46 02 ; www.makasar.it ; Via Plauto 33 ; 12h-minuit lun-jeu, 12h-2h ven-sam, 17h-minuit dim ; Piazza del Risorgimento)

Sortir

Alexanderplatz

JAZZ

12 Plan p. 140, C2

Intimiste et difficile à trouver – recherchez la discrète porte noire –, le club de jazz le plus célèbre de Rome attire les meilleurs artistes italiens et internationaux. Réservez une table pour avoir une bonne vue sur la scène ou pour dîner, mais sachez que la renommée du lieu tient à sa musique pas à sa cuisine. (06 8377 5604 ; www.facebook.com/alexander.platz.37 ; Via Ostia 9 ; 20h30-1h30 ; M Ottaviano-San Pietro)

Fonclea

MUSIQUE LIVE

13 Plan p. 140, E3

Un excellent petit pub, avec des concerts tous les soirs (jazz, soul, pop, rock ou doo-wop). L'*happy hour* est idéal pour se mettre dans l'ambiance (tous les jours 18h-20h30). L'été, le pub déménage à proximité du Tibre. (06 689 63 02 ; www.fonclea.it ; Via Crescenzio 82a ; 18h-2h sept-mai, concerts 21h30 ; Piazza del Risorgimento)

Shopping

Rechicle

VINTAGE

14 Plan p. 140

Les fans de mode rétro iront droit dans cette fabuleuse boutique, décorée de meubles de famille, où l'on fait de merveilleuses trouvailles : escarpins Roger Vivier (avec leur boîte d'origine), vestes Chanel iconiques, sacs Hermès, manteaux Balenciaga, etc. (06 3265 2469 ; Piazza dell'Unità 21 ; 10h30-14h et 15h30-19h30 lun-sam ; Via Cola di Rienzo) .

Il Sellaio

MODE ET ACCESSOIRES

15 Plan p. 140

Dans les années 1960, Ferruccio Serafini était l'un des artisans les plus recherchés de Rome : il fabriquait à la main des chaussures ou sacs en cuir pour des gens comme John Kennedy, Liz Taylor ou Marlon Brando. Aujourd'hui, sa fille Francesca tient la boutique familiale où l'on peut acheter de superbes sacs, ceintures et accessoires cousus main. On peut même faire fabriquer son propre modèle. (06 321 17 19 ; www.serafinipelletteria.it ; Via Caio Mario 14 ; 9h30-19h30 lun-ven, 9h30-13h et 15h30-19h30 sam ; M Ottaviano-San Pietro)

Les incontournables
La Villa Borghèse

Comment y aller

🚌 Prenez le bus n°53 ou 910 jusqu'à Via Pinciana.

Ⓜ Depuis Spagna, vous pouvez rejoindre à pied la Villa Borghèse via une longue série d'ascenseurs et de passages souterrains.

Habitants des alentours, amoureux, touristes, joggers : personne ne résiste au charme du plus célèbre parc de Rome. Propriété du cardinal Scipion Borghèse au XVIIe siècle, le domaine couvre aujourd'hui environ 80 hectares de terrains boisés, de jardins et de pelouses. Vous y trouverez, entre autres, plusieurs excellents musées, le très beau Giardino del Lago et la Piazza di Siena, où se tient, au mois de mai, la principale manifestation équestre de Rome, et une terrasse panoramique sur le Pincio.

Museo e Galleria Borghese

La Villa Borghèse

Museo e Galleria Borghese
Si vous n'avez le temps que pour une seule galerie d'art, le **Museo e Galleria Borghese** (📞 06 3 28 10 ; www.galleriaborghese.it ; Piazzale del Museo Borghese 5 ; tarif plein/réduit 11/6,50 € ; ⊙9h-19h mar-dim ; 🚇Via Pinciana) renferme la "reine des collections privées" d'art baroque et Renaissance. Elle comprend des œuvres du Caravage, de Raphaël et du Titien, ainsi que de superbes sculptures du Bernin. Parmi les chefs-d'œuvre, ne manquez pas le *Ratto di Proserpina* (Rapt de Proserpine) du Bernin et la *Venere vincitrice* (Vénus victorieuse) de Canova.

Réunie par le cardinal Scipion Borghèse (1579-1633), collectionneur d'art le plus averti et le plus impitoyable de son temps, la collection était installée à l'origine dans sa résidence proche de Saint-Pierre. Dans les années 1620, il la transféra dans sa nouvelle villa, juste au-delà de la Porta Pinciana. C'est là, dans le bâtiment central de la villa, le Casino Borghese, qu'on peut l'admirer aujourd'hui.

Afin de limiter l'affluence, les entrées se font toutes les deux heures. Réservation impérative par Internet.

Museo Nazionale Etrusco di Villa Giulia
La ravissante **villa Giulia** (📞 06 322 65 71 ; www.villagiulia.beniculturali.it ; Piazzale di Villa Giulia ; tarif plein/réduit 8/4 € ; ⊙8h30-19h30 mar-dim ; 🚇Via delle Belle Arti), construite au XVIe siècle pour le pape Jules II renferme la plus belle collection de trésors étrusques et préromains d'Italie. Les pièces exposées, dont un grand nombre provient de la région environnante du Latium, vont des figurines en bronze et de la vaisselle noire de style *bucchero* aux décorations de temples, en passant par des vases en terre cuite et des bijoux étincelants.

www.sovraintendenzaroma.it

Entrées Piazzale San Paolo del Brasile, Piazzale Flaminio, Via Pinciana, Via Raimondo, Largo Pablo Picasso

⊙Lever-tombée du jour

🚇Via Pinciana

☑ À savoir
▶ Entrée du Museo e Galleria Borghese gratuite le 1er dimanche du mois.

▶ Location de vélos, notamment Largo Pablo Picasso : 5/15 € l'heure/la journée.

✕ Une petite faim ?
Pour un verre ou un repas romantique, allez au **Caffè delle Arti** (📞06 3265 1236 ; www.caffedellearti-iroma.com ; Via Gramsci 73 ; repas 40-45 € ; ⊙8h-17h lun, 8h-24h mar-dim ; 🚇Piazza Thorvaldsen), dans La Galleria Nazionale.

Plus loin, l'**Osteria Flaminio** (📞06 323 69 00 ; www.osteriaflaminio.com ; Via Flaminia 297 ; déj buffet 8-12 € ; ⊙12h30-15h30 et 19h30-24h ; 🚇Via Flaminia) est prisée pour son déjeuner-buffet à prix avantageux.

Vaut le détour

La pièce maîtresse du musée est le *Sarcofago degli Sposi* (Sarcophage des Époux) du VIe siècle av. J.-C. Découverte dans une tombe à Cerveteri, cette œuvre étonnante – une urne funéraire – montre un couple allongé sur une couche en pierre.

Museo Carlo Bilotti

L'orangerie de la Villa Borghèse accueille la magnifique collection d'art (06 06 08 ; www.museocarlobilotti.it ; Viale Fiorello La Guardia ; entrée libre ; 10h-16h mar-ven, 10h-19h sam-dim hiver, 13h-19h mar-ven, 10h-19h sam-dim été ; Porta Pinciana) du magnat des cosmétiques milliardaire Carlo Bilotti. Les stars de la collection sont 18 œuvres de Giorgio De Chirico (1888-1978), mais on notera aussi un portrait de la femme et la fille de Bilotti par Warhol.

Giardino del Lago

Ce jardin aménagé à la fin du XVIIIe siècle est centré autour d'un **lac** (Villa Borghese ; location de bateau 3 €/20 min ; 7h-21h été, jusqu'à 18h hiver ; Via Pinciana) romantique. Son petit Temple d'Esculape, copie d'un temple romain, se dresse sur un îlot artificiel.

À proximité : La Galleria Nazionale

Installée dans un vaste palais Belle Époque, ce **musée d'art moderne** (06 3229 8221 ; http://lagallerianazionale.com ; Viale delle Belle Arti 131, entrée par la Via Antonio Gramsci 71 ; tarif plein/réduit 10/5 € ; 8h30-19h30 mar-dim ; Piazza Thorvaldsen), connu sous le sigle de GNAM, est un joyau méconnu. Sa superbe collection s'étend de la sculpture néoclassique à l'expressionnisme abstrait avec des œuvres de nombreux artistes majeurs des XIXe et XXe siècles.

À proximité : Museo Nazionale delle Arti del XXI Secolo

Le premier **musée d'art contemporain** (MAXXI ; 06 320 19 54 ; www.fondazionemaxxi.it ; Via Guido Reni 4a ; tarif plein/réduit 12/8 €, coll permanente entrée libre mar-ven et 1er dim du mois ; 11h-19h mar-ven et dim, jusqu'à 22h sam ; Viale Tiziano) de Rome fascine autant par ses expositions que par son architecture, signée Zaha Hadid. Aussi impressionnante à l'extérieur qu'à l'intérieur, cette structure en béton présente une façade géométrique à plusieurs niveaux et un vaste espace intérieur empli de lumière, de passages sinueux et d'escaliers suspendus.
Si le musée possède une collection permanente des XXe et XXIe siècles, le plus intéressant reste ses expositions temporaires.

À proximité : Auditorium Parco della Musica

Carrefour de la vie culturelle romaine, l'**Auditorium** (06 8024 1281 ; www.auditorium.com ; Viale Pietro de Coubertin ; Viale Tiziano) est la plus prisée des salles de concerts de la capitale. Ses trois salles et son espace à ciel ouvert de 3 000 sièges accueillent une programmation éclectique : musique classique, jazz, conférences, films, etc.

La Villa Borghèse   149

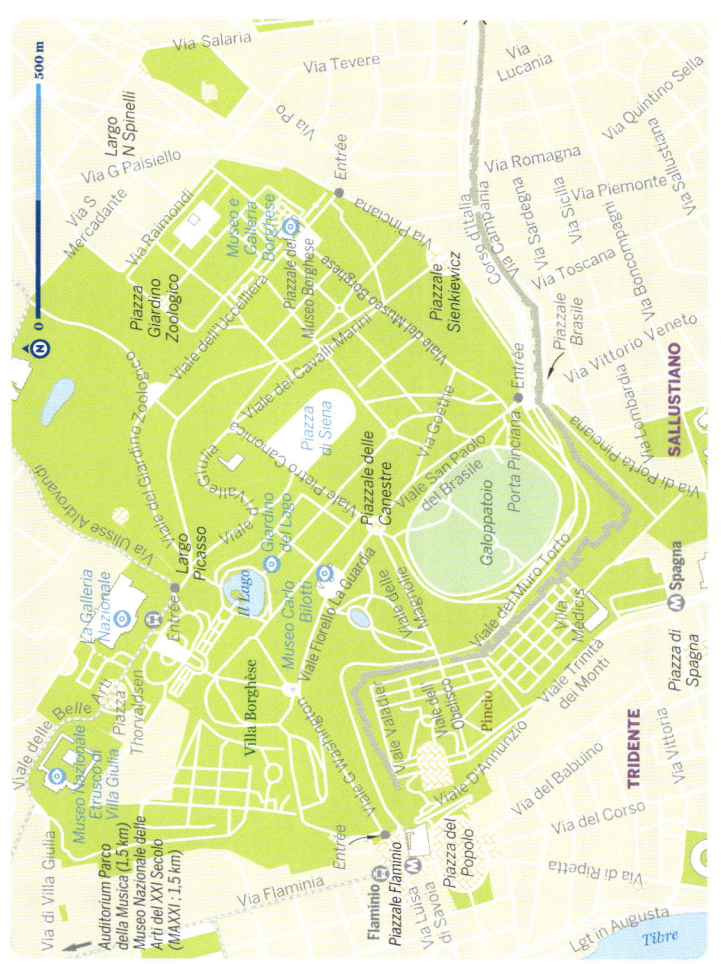

Rome
selon ses envies

Les plus belles balades
Sur les traces de l'empereur 152
Les places romaines 154

Envie de...
Histoire 156
Gastronomie 158
Rome gratuit 160
Bars et vie nocturne 161
Architecture 162
Art et musées 164
Shopping 166
Culture 168
Rome avec des enfants 170
Circuits 171
Scène gay et lesbienne 172

Galleria delle Carte Geografiche (p. 133), Musées du Vatican
BRIAN KINNEY/SHUTTERSTOCK ©

Les plus belles balades
Sur les traces de l'empereur

🏃 Itinéraire

Ce circuit à travers les plus beaux trésors antiques de la ville vous fera marcher sur les traces des empereurs. L'Empire romain, établi en 27 av. J.-C., s'est développé jusqu'à devenir la première puissance de l'Occident. À son apogée, vers l'an 100, il s'étendait de l'actuelle Grande-Bretagne à l'Afrique du Nord, et de la Syrie à l'Espagne. À elle seule, Rome comptait plus de 1,5 million d'habitants et tous les attributs de la splendeur impériale : temples en marbre, bains publics, théâtres, centres commerciaux et, bien sûr, le Colisée.

Départ Colisée ; Ⓜ Colosseo

Arrivée Il Vittoriano ; 🚌 Piazza Venezia

Distance 2 km ; au moins 3 heures

🍴 Une petite soif ?

Offrez-vous une pause-café au raffiné **Terrazza Caffarelli** (p. 34) caché dans les musées du Capitole mais disposant de sa propre entrée.

❶ Colisée

Plus que tout autre monument, le **Colisée** (p. 24) symbolise la puissance et la splendeur de la Rome antique. Véritable chef-d'œuvre d'ingénierie, ce stade de 50 000 places fut inauguré par l'empereur Titus en 80 avec des jeux sanguinaires qui durèrent 100 jours et 100 nuits.

❷ Palatin

À quelques pas du Colisée, le **Palatin** (p. 31) était le quartier le plus prisé de la Rome antique où vivaient les empereurs et la crème de la société impériale. Bien que désordonnées, les ruines évocatrices permettent d'imaginer le luxe dans lequel vivaient les puissants de l'époque.

❸ Forum romain

Depuis le Palatin, descendez jusqu'au **Forum romain** (p. 26), près de l'**arc de Titus**, l'un des arcs de triomphe majeurs de Rome. Ce dédale animé de tribunaux, temples, *piazzas* et échoppes était le nerf de

Vittoriano (p. 33)

Sur les traces de l'empereur

l'Empire. Les vestales vivaient ici et les sénateurs débattaient les affaires d'État dans la **Curie** (p. 27).

❹ Place du Capitole

Quittez le Forum sur la Via dei Fori Imperiali pour rejoindre la **Piazza del Campidoglio** (p. 32), dessinée par Michel-Ange. Cette place, qui compte parmi les plus belles de Rome, occupe le sommet du Campidoglio (Capitole), l'une des sept collines sur lesquelles fut fondée Rome. Dans l'Antiquité, c'était le cœur spirituel de la ville, et on y trouvait deux des temples les plus importants.

❺ Musées du Capitole

Occupant deux imposants *palazzi* se faisant face sur la Piazza del Campidoglio, les **musées du Capitole** (p. 32) sont les plus anciens musées publics du monde. Ils abritent une superbe collection de sculptures classiques, notamment l'emblématique bronze étrusque de la *Lupa Capitolina*, louve légendaire qui aurait allaité Romulus et Remus.

❻ Vittoriano

Quittez le Capitole pour l'imposante montagne de marbre blanc voisine qu'est le **Vittoriano** (p. 33). Si aucun empereur n'a foulé son sol, de votre côté vous ne regretterez pas l'ascenseur anoramique jusqu'au sommet, d'où l'on peut voir toute la ville.

Les plus belles balades
Les places romaines

🏃 Itinéraire

Le centre historique, compact, possède certaines des *piazzas* les plus célèbres de la capitale, ainsi que de belles places moins connues. Chacune dans son style – la splendeur baroque de la Piazza Navona, la clameur du Campo de' Fiori, l'élégance Renaissance de la Piazza Farnese –, elles reflètent à merveille la beauté, l'histoire et la grandeur de la ville. Découvrez les plus belles places et immergez-vous dans une ambiance animée.

Départ Largo di Torre Argentina ; 🚊 Largo di Torre Argentina

Arrivée Piazza Farnese ; 🚊 Corso Vittorio Emanuele II

Distance 1,5 km ; 3 heures

🍴 Une petite soif ?

Entre le Panthéon et la Piazza Navona, arrêtez-vous pour un petit remontant au **Caffè Sant'Eustachio** (p. 49). Beaucoup considèrent son café comme le meilleur de la capitale.

Piazza Navona (p. 44)

❶ Largo di Torre Argentina

Commencez par le **Largo di Torre Argentina**, occupé par les ruines de quatre temples de l'époque républicaine. Jules César fut assassiné près du **Teatro Argentina** (p. 51), du côté ouest de la place.

❷ Piazza della Minerva

Suivez la Via dei Cestari jusqu'à la Piazza della Minerva et l'*Elefantino*, sculpture représentant un éléphant portant un obélisque égyptien. À côté, la **Basilica di Santa Maria Sopra Minerva** (p. 45), de style gothique, arbore des fresques Renaissance et une œuvre mineure de Michel-Ange.

❸ Piazza di Sant'Ignazio Loyola

Prenez la Via Santa Caterina da Siena, la Via del Pièdi Marmo et la Via di Sant'Ignazio pour arriver à l'exquise Piazza di Sant'Ignazio Loyola, du XVIIIe siècle. La **Chiesa di Sant'Ignazio di Loyola**, qui donne sur la place, renferme un fabuleux plafond en trompe-l'œil.

Les places romaines

❹ Piazza della Rotonda

En descendant la Via del Seminario, vous découvrirez la **Piazza della Rotonda**, ainsi que le **Panthéon** (p. 38). Ce site emblématique de la ville, avec son portique et sa coupole extraordinaires, est l'édifice antique le mieux conservé de Rome.

❺ Piazza Navona

Depuis le Panthéon, suivez les panneaux pour la **Piazza Navona** (p. 44), le joyau du centre-ville. Au milieu des artistes de rue, des touristes et des pigeons, comparez les deux géants du baroque romain : le Bernin, qui conçut la **fontaine des Quatre-Fleuves**, et Borromini, créateur de la **Chiesa di Sant'Agnese in Agone**.

❻ Campo de' Fiori

De l'autre côté du Corso Vittorio Emanuele II, voie animée qui coupe le centre historique en deux, le **Campo de' Fiori** (p. 51) est au cœur des attentions. Le jour, cette place bruyante accueille un marché coloré, et le soir, elle se transforme en bar géant en plein air.

❼ Piazza Farnese

Juste derrière le Campo, l'élégante **place Farnèse** est dominée par le **palais Farnèse** (p. 46). Ce magnifique *palazzo* Renaissance, qui abrite aujourd'hui l'ambassade de France, est orné de superbes fresques, qui égalent, selon certains, le plafond de la chapelle Sixtine.

Envie de...
Histoire

Pendant des milliers d'années, Rome fut au cœur des bouleversements mondiaux. D'abord en tant que *caput mundi* (capitale du monde) et centre somptueux du vaste Empire romain, puis en tant que siège de la papauté. Son rôle clé transparaît de manière évidente dans ses rues historiques, dont chaque *palazzo*, église ou vestige antique a une histoire à raconter.

Prestige antique

Nombre des monuments les plus palpitants de Rome datent de la grande époque où la cité dominait l'immense Empire romain : Colisée, Panthéon, Forum romain, etc. Mieux que n'importe quel livre d'histoire, ils témoignent du glorieux passé de la ville et laissent imaginer des scènes de combats de gladiateurs entourés d'une foule passionnée, de rituels païens et de drames quotidiens.

Église reine

Pendant longtemps, c'est l'Église qui dicta la loi à Rome, et nombre des sites clés de la ville sont liés à la religion. Les premières basiliques témoignent de la ténacité des pères fondateurs de l'Église, alors que les chefs-d'œuvre illustrent la richesse et l'ambition des papes baroques et de la Renaissance.

Superpositions

Rome se caractérise notamment par le fait que son histoire jaillit littéralement du sol. Au fil des siècles, la ville a connu plusieurs transformations, qui ont chacune constitué une nouvelle couche du tissu urbain. Ainsi, les églises médiévales s'élèvent sur les temples païens, et les places baroques sur les cirques romains. Pour voyager dans le temps, il suffit donc d'aller sous terre.

Reliques romaines

Colisée Cet amphithéâtre emblématique incarne la grandeur et la démesure de la Rome antique. (p. 24)

Panthéon Cet impressionnant édifice a servi de modèle architectural durant des millénaires. (p. 38)

Forum romain Vestiges fascinants du centre animé de la Rome antique. (p. 26)

Palatin Le quartier le plus ancien et le plus huppé de la Rome impériale offrait un cadre de vie somptueux aux empereurs. (p. 31)

Thermes de Caracalla Les imposants vestiges de ce centre de loisirs antique comptent parmi les plus impressionnants de la capitale. (p. 111)

Histoire 157

Visites en souterrain

Basilique Saint-Clément Cette basilique médiévale dissimule un temple païen et une maison du Ier siècle. (p. 101)

Catacombes Les abords de la Via Appia Antica (voie Appienne) sont criblés de catacombes, où les premiers chrétiens inhumaient leurs morts. (p. 93)

Case Romane Les apôtres saint Jean et saint Paul auraient vécu dans ces maisons romaines souterraines. (p. 102)

Églises historiques

Basilique Saint-Pierre Le joyau monumental du Vatican s'élève sur la tombe de saint Pierre. (p. 136)

Basilique Saint-Jean-de-Latran Ce fut la principale basilique papale jusqu'au XIVe siècle. (p. 98)

Basilique Saint-Paul-hors-les-Murs Cette basilique monumentale occupe le site où saint Paul fut inhumé. (p. 107)

Chiesa del Gesù Importante église jésuite où vécut Ignace de Loyola pendant 12 ans. (p. 44)

Lieux légendaires

Palatin C'est ici que la louve sauva Romulus et Remus et que Rome fut fondée en 753 av. J.-C. (p. 31)

Bocca della Verità La "bouche de la vérité" mord les doigts des menteurs. Essayez ! (p. 33)

Basilique Saint-Pierre-aux-Liens Renferme les chaînes miraculeuses ayant servi à attacher saint Pierre. (p. 86)

Fontaine de Trevi Jetez-y une pièce et vous serez assuré de revenir à Rome. (p. 68)

Teatro Argentina Le plus grand théâtre de Rome se dresse près de l'endroit où Jules César fut assassiné. (p. 51)

Basilica di Santa Maria del Popolo Construite pour éloigner le fantôme de Néron qui, selon la croyance, hantait les lieux. (p. 59)

Vaut le détour

Les **Scavi Archeologici di Ostia Antica** (06 5635 0215 ; www.ostiaantica.beniculturali.it ; Viale dei Romagnoli 717 ; tarif plein/réduit 8/4 €, gratuit le 1er dim du mois, exposition 3 € ; 8h30-18h15 mar-dim été, horaires réduits en hiver) rivalisent avec Pompéi, et les vestiges bien conservés de cet ancien port prospère donnent un bon aperçu de la vie à l'époque. Ils comprennent les Terme di Nettuno et un impressionnant amphithéâtre. Pour vous rendre sur place, prenez le train de banlieue pour Ostia Antica depuis la Stazione Porta San Paolo, à côté de la station de métro Piramide.

Envie de... Gastronomie

La nourriture occupe une place centrale chez les Romains. La ville regorge de trattorias, pizzerias, grands restaurants et glaciers. Si la cuisine traditionnelle tient le haut du pavé, la *cucina creativa* (cuisine créative) a décollé ces dernières années.

Trattorias traditionnelles
Ces établissements familiaux constituent la base de la scène culinaire romaine. Il s'agit de restaurants simples, souvent avec tables en bois bancales et *nonna* (mamie) aux fourneaux. Depuis des siècles, on y vient pour se rassasier d'une nourriture romaine copieuse, comme les *bucatini all'amatriciana* (spaghettis épais à la sauce tomate et au *guanciale* – bajoue de porc fumée) et les *spaghetti alla gricia* (au pecorino et à la pancetta).

Grands restaurants de cuisine contemporaine
Ces dernières décennies, les restaurants de Rome ont gagné en sophistication, avec des trattorias nouvelle génération et des restaurants design et chics proposant une cuisine ambitieuse et innovante. Chefs de file de cette tendance, Cristina Bowerman de Romeo e Giulietta et Giuseppe Di Iorio d'Aroma doivent leur renommée à leur approche moderne et créative de la cuisine italienne.

Cuisine de rue
La dernière tendance à Rome est la *street food*. À côté des nombreux vendeurs de *pizza al taglio* (pizza à la part) et de marchands de glaces se sont ouvertes des adresses branchées proposant des en-cas classiques tels que les *supplì* (boulettes de riz frites, servies avec divers accompagnements) et les *fritti* (aliments frits) revisités de manière moderne.

☑ À savoir

▶ Les restaurants facturent le couvert et le pain, que vous y touchiez ou non.

▶ Dans une pizzeria, arrondissez à l'euro supérieur ; dans les restaurants plus haut de gamme, laissez jusqu'à 10% de pourboire.

▶ Depuis 2012, la municipalité a interdit la consommation de sandwichs dans les rues du centre historique.

Gastronomie

Cuisine italienne

Restaurants gastronomiques

Antonello Colonna Open Antonello Colonna revisite les grands classiques de la cuisine romaine. (p. 87)

Aroma La cuisine avant-gardiste de Giuseppe Di Iorio servie dans un très beau cadre. (p. 103)

Imàgo Une cuisine et un panorama de haut vol, sur le toit de l'hôtel Hassler. (p. 61)

Cuisine traditionnelle

Flavio al Velavevodetto Cuisine romaine classique servie en copieuses portions. (p. 113)

Da Felice Bastion de la cuisine romaine respectant la tradition : un plat différent pour chaque jour de la semaine. (p. 113)

Armando al Pantheon Trattoria familiale offrant une cuisine romaine roborative à deux pas du Panthéon. (p. 48)

Da Enzo Adresse du Trastevere populaire, réputée pour l'origine et la qualité de ses ingrédients. (p. 125)

Da Augusto Un rêve en été : savourer une vraie cuisine de *mamma* sur l'une des plus jolies places du Trastevere. (p. 121)

Cuisine de rue

Trapizzino Berceau du *trapizzino*, cornet de pizza garni. (p. 113)

Mercato Centrale À la gare centrale de Rome, un haut-lieu de la restauration rapide version gourmande. (p. 88)

Fa-Bìo Près du Vatican, une adresse très courue pour ses en-cas bio. (p. 143)

Mordi e Vai Échoppe du Testaccio, très appréciée pour ses classiques romains. (p. 113)

Pasta Chef Dans les Monti, les pâtes à emporter version gourmande. (p. 88)

Glaciers

Fatamorgana Les glaces artisanales les plus célèbres de Rome. Plusieurs adresses. (p. 144)

Gelateria del Teatro Quelques 40 parfums de glaces délicieuses, toutes faites sur place. (p. 48)

Fior di Luna Champion de la glace artisanale dans le Trastevere. (p. 125)

Envie de... Rome gratuit

Rome est une ville chère, mais il n'est pas nécessaire de casser sa tirelire pour en profiter. Un nombre étonnant de grands sites sont en effet gratuits, et il ne vous en coûtera rien d'arpenter les extraordinaires rues, *piazzas* et parcs.

Art

Basilique Saint-Pierre La *Pieta* de Michel-Ange n'est que l'un de ses joyaux. (p. 136)

Basilique Saint-Pierre-aux-Liens Admirez le terrifiant Moïse de Michel-Ange. (p. 86)

Église Saint-Louis-des-Français Le cycle de saint Matthieu du Caravage est l'élément phare. (p. 45)

Chiesa di Santa Maria della Vittoria Abrite l'étonnante *Extase de sainte Thérèse*, chef-d'œuvre baroque du Bernin. (p. 73)

Musées du Vatican Gratuits le dernier dimanche du mois. (p. 132)

Piazzas et parcs

Piazza Navona Cette époustouflante place baroque est très animée avec ses artistes de rue. (p. 44)

Campo de' Fiori Le marché quotidien du Campo donne lieu à une joyeuse pagaille. (p. 51)

Piazza di Spagna Une place emblématique où croiser d'autres voyageurs et observer le spectacle de la rue. (p. 56)

Villa Borghèse Le grand parc de Rome est idéal pour une promenade ou un pique-nique. (p. 147)

Janicule Cette colline arborée offre un très beau panorama. (p. 124)

Monuments

Panthéon Il ne vous coûtera pas un sou d'y entrer. (p. 38)

Fontaine de Trevi gratuite, à moins que vous ne jetiez une pièce pour être sûr de revenir à Rome. (p. 68)

Bocca della Verità Glissez-y votre main et mentez, pour voir si la légende dit vrai. (p. 33, photo ci-dessus)

Escalier de la Trinité-des-Monts Les marches les plus célèbres de Rome. (p. 56)

☑ À savoir

▶ Tous les sites et musées gérés par l'État sont gratuits le premier dimanche du mois.

▶ Vous pourrez économiser quelques euros en faisant le plein d'eau aux fontaines dites *nasoni* (gros nez) réparties un peu partout en ville.

Envie de...
Bars et vie nocturne

Pour apprécier la vie nocturne à Rome, rien de tel que de flâner de restaurant en bar en se perdant dans le pittoresque dédale de rues pavées. Nulle part vous ne trouverez de si beaux cadres pour siroter un verre : un Campari avec vue sur le Forum romain ou une bière artisanale en regardant la lumière jouer sur une fontaine baroque.

Quartiers

Centro Storico Les bars et quelques clubs attirent une clientèle mêlant touristes et Romains élégants. (p. 49)

Trastevere Un quartier très prisé avec une myriade de cafés et de bars. (p. 126)

Testaccio On n'a que l'embarras du choix dans ce haut-lieu de la vie nocturne. (p. 114)

Ostiense Compte certains des clubs les plus cool, souvent dans d'anciens sites industriels. (p. 106)

San Lorenzo et Pigneto Bars branchés et clubs alternatifs prisés des étudiants. (p. 78)

Bars à vins

Il Sorì Bar à vins gourmet et boutique artisanale proposant des soirées dégustation. (p. 79)

Bibenda Wine Concept Bar à vins moderne offrant un bon choix de vins italiens. (p. 104)

Ai Tre Scalini Œnothèque aussi conviviale qu'un pub. (p. 87)

Aperitivo

Freni e Frizioni Toujours aussi décontracté avec un opulent buffet pour grignoter le soir. (p. 121)

Doppiozeroo À Ostiense, un bar populaire avec un généreux buffet. (p. 107)

Pimm's Good Cocktails à base de Pimms, abondance d'amuse-gueules offerts et barmen à l'esprit festif. Dans le Trastevere. (p. 126)

Zuma Bar Cocktails sophistiqués dans un bar uber-chic sur un toit-terrasse. (p. 63)

☑ À savoir

▶ Les Romains ont tendance à s'habiller pour sortir, en particulier dans les clubs et bars chics du centro storico et du Testaccio. Mais du côté de Pigneto et San Lorenzo, la tendance est plutôt au style alternatif.

Clubs

Circolo Illuminati Un club d'Ostiense au succès délirant, avec DJ internationaux, ambiance underground et cour-terrasse étoilée. (p. 107)

Vinile Cuisine, musique, danse et happenings festifs en lisière sud d'Ostiense. (p. 107)

Envie de... Architecture

Entre ruines antiques, basiliques Renaissance, églises baroques et imposants *palazzi* de l'époque fasciste, Rome jouit d'un patrimoine architectural sans égal. Michel-Ange, Bramante, Borromini et le Bernin, entre autres, ont laissé l'empreinte de leur génie sur le remarquable paysage urbain, et ces dernières années, plusieurs projets ont été réalisés par certains des meilleurs architectes au monde.

Ingénierie antique

Architectes et ingénieurs romains participèrent à la construction de la *caput mundi* (capitale du monde), en concevant maisons, routes, aqueducs et centres commerciaux, mais aussi temples, tombeaux et palais impériaux. Ils firent appel à des méthodes étrusques et grecques et développèrent des techniques qui leur permirent d'édifier des bâtiments à une échelle sans précédent.

Transformations Renaissance et baroques

Nombre des grands *palazzi* et basiliques de Rome datent du XVIe siècle (Renaissance), dont la basilique Saint-Pierre, qui fut complètement remaniée par Bramante et Michel-Ange notamment. Un siècle plus tard, la Contre-Réforme ouvrit la voie à une transformation financée par l'Église et menée par le Bernin et Borromini, maîtres du baroque.

Architecture moderne

Au début du XXe siècle, le dictateur fasciste Benito Mussolini supervisa plusieurs gigantesques programmes de construction, dont la Via dei Fori Imperiali et le quartier EUR. Plus récemment, plusieurs projets ont été réalisés par des stars de l'architecture, comme Renzo Piano, Massimiliano Fuksas, Richard Meier et Zaha Hadid.

Monuments antiques

Colisée Ce précurseur des stades modernes est un superbe exemple de l'usage de l'arcade. (p. 24)

Panthéon Cette prouesse de conception et d'exécution est la plus importante œuvre architecturale de la Rome antique. (p. 38)

Thermes de Caracalla Ces ruines impressionnantes témoignent de la sophistication des techniques de construction antiques. (p. 111)

Mercati di Traiano Museo dei Fori Imperiali Un exemple imposant de l'ingénierie civile du IIe siècle. (p. 32)

Architecture

Basilique Saint-Pierre (p. 136), Cité du Vatican

Basiliques anciennes

Basilique Saint-Jean-de-Latran Son plan d'origine servit de modèle à suivre. (p. 98)

Basilique Sainte-Marie-Majeure Des quatre basiliques patriarcales de Rome, elle seule a conservé sa structure d'origine. (p. 85)

Basilica di Santa Sabina Une imposante basilique médiévale, brute et sans fioritures. (p. 112)

Basilica di Santa Maria in Trastevere Colonnes romaines antiques et belles mosaïques dans ce haut lieu du Trastevere. (p. 118)

Édifices Renaissance

Basilique Saint-Pierre Divers conceptions, styles et plans sont rassemblés sous l'extraordinaire coupole de Michel-Ange. (p. 136)

Palais Farnèse L'édifice de l'ambassade de France est un excellent exemple de palais Renaissance classique. (p. 46)

Piazza del Campidoglio Juchée sur le Capitole, la place imaginée par Michel-Ange reflète brillamment l'urbanisme de la Renaissance. (p. 32)

Trésors baroques

Place Saint-Pierre La place centrale du Vatican, signée du Bernin, fut conçue pour guider les fidèles vers la basilique. (p. 142)

Piazza Navona Avec son église de Borromini et sa fontaine du Bernin, cette place est un modèle de beauté baroque. (p. 44)

Icônes modernes

Auditorium Parco della Musica Renzo Piano a doté cet auditorium d'une architecture unique. (p. 148)

Museo dell'Ara Pacis Ce pavillon blanc conçu par Richard Meier (non sans controverses) abrite un important autel du Ier siècle av. J.-C. (p. 60, photo ci-dessus à gauche)

Museo Nazionale delle Arti del XXI Secolo Reconvertie par Zaha Hadid, cette ancienne caserne abrite le plus grand musée d'art contemporain de Rome. (p. 148)

Envie de... Art et musées

À Rome, on ne sait où porter le regard tant la ville recèle de merveilles de l'art occidental. Ses églises renferment plus de chefs-d'œuvre que bien des petits pays et ses musées et galeries sont remplis d'œuvres célébrissimes. Des statues antiques aux fresques Renaissance en passant par les sculptures baroques et les peintures futuristes, c'est près de 3 000 ans d'art qui s'offrent à vos yeux.

VALERIOMEI/SHUTTERSTOCK ©

L'art antique

Comme on peut s'en douter, Rome n'a pas son pareil pour les collections d'art antique : sculptures, bas-reliefs, fresques et mosaïques. Les musées du Vatican et les musées du Capitole renferment nombre des plus belles sculptures antiques de la ville, mais vous verrez aussi des œuvres sublimes au Palazzo Altemps et au Palazzo Massimo alle Terme, sans parler de l'art étrusque à la villa Giulia.

La Renaissance

La Renaissance a déclenché un tourbillon artistique à Rome. Des artistes comme Michel-Ange et Raphaël furent chargés par de puissants commanditaires de décorer palais et basiliques. Des fresques célèbres datent de cette période, comme celles de Michel-Ange à la chapelle Sixtine.

Le baroque

Le baroque fit son entrée sur la scène romaine au début du XVIIe siècle, accueilli avec enthousiasme par l'Église qui en fit un outil de propagande contre la Réforme. Les deux artistes principaux furent Gian Lorenzo Bernini et le Caravage.

☑ À savoir

▶ La plupart des musées sont fermés le lundi.

▶ L'entrée est souvent gratuite pour les citoyens de l'UE de moins de 18 ans. Pensez à prendre une pièce d'identité.

▶ De nombreux musées ferment leurs guichets jusqu'à 1 heure 15 avant l'heure de fermeture.

Art moderne

Le XXe siècle connut l'émergence du futurisme, un mouvement moderniste nationaliste, et de la peinture métaphysique, dont Giorgio De Chirico fut l'un des maîtres.

Art et musées 165

Musées et galeries

Musées du Vatican La chapelle Sixtine et les œuvres de Raphaël sont les vedettes de ce spectaculaire ensemble de musées. (p. 132)

Museo e Galleria Borghese De célèbres tableaux de maîtres y côtoient les plus belles sculptures baroques de Rome. (p. 147)

Musées du Capitole La sculpture antique est à l'honneur dans les plus vieux musées publics du monde. (p. 32)

Museo Nazionale Romano : Palazzo Massimo alle Terme Ce musée trop souvent oublié présente de magnifiques sculptures et mosaïques. (p. 82)

Museo Nazionale Romano : Palazzo Altemps Sculpture classique avec fresques baroques en toile de fond. (p. 44)

Galleria Doria Pamphilj Somptueuse galerie emplie d'œuvres majeures de grands noms. (p. 44)

Chefs-d'œuvre

Chefs-d'œuvre de la Renaissance

Chapelle Sixtine Michel-Ange réalisa le *Giudizio Universale* (*Jugement dernier*) et les célèbres fresques du plafond. (p. 135)

Pietà Ce chef-d'œuvre de la sculpture est un incontournable de la basilique Saint-Pierre. (p. 139)

L'école d'Athènes La fresque majeure de Raphaël orne les Stanze di Raffaello des musées du Vatican. (p. 132)

L'Extase de sainte Thérèse Cette merveille de l'art baroque européen, signée le Bernin, trône dans la Chiesa di Santa Maria della Vittoria. (p. 73, photo de gauche)

Le Rapt de Proserpine Cette autre sculpture du Bernin représente Pluton enlevant Proserpine, au Museo e Galleria Borghese. (p. 147)

Garçon à la corbeille de fruits Admirez la maîtrise technique et l'audace du Caravage au Museo e Galleria Borghese. (p. 147)

Triomphe de la Divine Providence L'œuvre de Pierre de Cortone orne la fresque spectaculaire du Palazzo Barberini. (p. 72)

Cadres enchanteurs

Museo Nazionale Etrusco di Villa Giulia Le premier musée étrusque d'Italie. (p. 147)

Château Saint-Ange Ce grand château renferme de somptueux intérieurs Renaissance. (p. 142)

Mercati di Traiano Museo dei Fori Imperiali Il occupe un impressionnant complexe commercial du IIe siècle. (p. 32)

Centrale Montemartini Sculptures antiques et machinerie industrielle cohabitent dans cette ancienne centrale électrique. (p. 107)

Art moderne

Galleria Nazionale Œuvres modernes de grands artistes italiens et internationaux. (p. 148)

Museo Nazionale delle Arti del XXI Secolo Premier musée d'art contemporain de Rome. (p. 148)

Museo Carlo Bilotti Renferme une collection de peintures métaphysiques de Giorgio de Chirico. (p. 148)

Envie de... Shopping

Rome offre un fabuleux éventail de grands magasins, établissements spécialisés, boutiques indépendantes et ateliers d'artisans : de quoi ravir tous les amateurs de shopping ! L'un des nombreux attraits de la ville tient en particulier à ces échoppes artisanales, ces ateliers d'encadreur ou de maroquinerie vieillissants, ces grands magasins historiques qui, tous, respirent un charme à l'ancienne, un chic comme on n'en fait plus. Flânez à l'aventure dans les petites rues, c'est un délice !

☑ À savoir

▶ De nombreux centres commerciaux sont fermés le lundi matin.

▶ Les soldes (*saldi*) d'hiver s'étendent de début janvier à mi-février, et ceux d'été de juillet à début septembre.

Que rapporter ?

Rome est une destination de choix pour qui aime les vêtements de créateurs et la maroquinerie de qualité. Les gourmets et gourmands sont également à la fête avec tout un choix d'épiceries fines, boulangeries, pâtisseries, chocolatiers… Les ustensiles de cuisine sont une autre spécialité italienne et beaucoup de boutiques y sont consacrées, le plus souvent en mettant l'accent sur le design.

Secteurs

Pour les vêtements de créateurs, allez dans la Via dei Condotti (p. 64) et autour de la Piazza di Spagna. Des boutiques vintage et de mode occupent la Via del Governo Vecchio (p. 41), dans le *Centro Storico*, ainsi que le quartier des Monti (p. 91). Le Testaccio (p. 113) plaira aux gourmets et compte l'une des meilleures épiceries fines de Rome et un marché quotidien.

Artisans

Rome compte un nombre étonnant de créateurs et d'artisans, installés dans des petits ateliers à l'ancienne. Certains pourront vous confectionner les sacs, portefeuilles, cravates et robes de vos rêves. On en trouve plusieurs dans les secteurs du centre historique, du Tridente et des Monti.

Shopping

Boutiques sur la Via dei Condotti (p. 64)

Mode

Re(f)use Mode éthique : sacs et bijoux fabriqués à partir d'objets recyclés par la styliste Ilaria Venturini Fendi native de Rome. (p. 64)

Tina Sondergaard Robes d'inspiration rétro, ajustées à vos mesures, dans un bijou de boutique des Monti. (p. 91)

Gente Boutique multimarque de luxe, dans le style grand-magasin. (p. 65)

Manila Grace Marque romaine incontournable pour les fans de mode. (p. 65)

Alimentation

Volpetti Tout est délicieux et le personnel est particulièrement serviable. (p. 115)

Antica Caciara Trasteverina Merveilleuse épicerie centenaire du Trastevere regorgeant de fromages et charcuteries sublimes (à faire mettre au besoin sous vide pour le transport). (p. 129)

Salumeria Roscioli Un synonyme d'excellence pour ses appétissants produits italiens et étrangers. (p. 52)

Biscottificio Innocenti Charmante biscuiterie ancestrale dans une petite rue du Trastevere. (p. 129)

Confetteria Moriondo & Gariglio Chocolatier presque magique (p. 51)

Librairies

Libreria Stendhal Cette vaste librairie propose un très large choix d'ouvrages en français, non loin du Panthéon. (p. 52)

Feltrinelli International Petite mais excellente sélection des dernières parutions internationales. (p. 91)

Marchés

Porta Portese Célèbre marché aux puces dominical de Rome, sur les berges du Tibre. (p. 129)

Nuovo Mercato di Testaccio Découvrez les couleurs et le charme de ce marché de quartier. (p. 113)

Campo de' Fiori Cette ancienne place centrale historique accueille aujourd'hui l'un des plus célèbres marchés de Rome. (p. 51)

Envie de...
Culture

Les Romains se passionnent pour la culture. Depuis l'époque où les foules se pressaient au Colisée pour voir les gladiateurs, l'offre culturelle n'a cessé de se développer, et les diverses manifestations attirent un public enthousiaste. De l'opéra au hip-hop, en passant par le théâtre shakespearien et les installations avant-gardistes, chacun est sûr d'y trouver son compte.

Opéra et musique classique

Grâce à sa myriade de sites d'exception, Rome se prête idéalement à l'organisation de concerts. Des spectacles de musique classique – souvent gratuits – se tiennent régulièrement dans les églises, notamment vers Pâques, Noël et le Nouvel An. En été, des scènes sont montées en plein air dans la ville. Les plus grandes salles, comme l'Auditorium Parco della Musica, accueillent régulièrement des grands artistes et orchestres internationaux.

Cinéma, théâtre et expositions

Les Romains sont de grands cinéphiles, et si la plupart des films sont doublés, on trouve encore des projections en version originale. Il en va de même pour le théâtre, où l'on donne parfois des pièces en langue étrangère. Quant aux nombreuses expositions artistiques, le problème de la langue ne se pose pas.

Centri sociali et contre-culture

La scène alternative se concentre dans les *centri sociali*. Dans les années 1980, ces centres de la contre-culture, qui étaient à l'origine des squats organisés, donnèrent naissance aux scènes rap et hip-hop italiennes, et ont toujours une programmation alternative (slam, poésie, défilés de mode indépendants, concerts de drum'n'bass, etc.).

☑ À savoir

▶ Places de théâtre et de concerts, classique, jazz ou autres, s'achètent facilement un peu partout en ville.

▶ Les hôtels peuvent souvent se charger de la réservation, sinon contactez directement la salle de spectacle – pour en savoir plus sur les réservations, consultez les publications répertoriant les manifestations. Vous pouvez aussi réserver sur **Vivaticket** (📞892 234 ; www.vivaticket.it) ou auprès d'**Orbis** (📞06 482 74 03 ; Piazza dell'Esquilino 37 ; 🕘9h30-13h et 16h-19h lun-sam ; 🚇Via Cavour).

Culture

L'Auditorium Parco della Musica (p. 148), conçu par l'architecte Renzo Piano

Musique classique, opéras et ballets

Auditorium Parco della Musica Plusieurs salles de concert à l'acoustique formidable et les meilleurs interprètes internationaux de musique classique. (p. 148)

Teatro dell'Opera di Roma Un cadre grandiose tout en dorure et velours rouge pour les compagnies de ballet et d'opéra de la ville. (p. 90)

Terme di Caracalla Opéras et ballets en plein air, l'été, dans le cadre magique de ces vestiges antiques. (p. 111)

Jazz

Alexanderplatz Le meilleur club de jazz de la ville où se produisent des artistes locaux et internationaux. (p. 145)

Auditorium Parco della Musica Accueille, entre autres, le Roma Jazz Festival. (p. 148)

Charity Café Un espace intimiste, aux tables et chaises un peu frêles, qui accueille régulièrement des concerts de jazz. (p. 90)

Big Mama Club plein d'ambiance du Trastevere où alternent jazz, blues, funk, soul et R&B. (p. 121)

Gregory's Jazz Club Près de l'escalier de la Trinité-des-Monts, un club de jazz très prisé des musiciens locaux. (p. 76)

Musique live

Blackmarket Ce bar propose des concerts éclectiques, souvent acoustiques. (p. 90)

ConteStaccio Concerts gratuits dans le quartier des clubs du Testaccio. (p. 115)

Lettere Caffè Musique live, plus poésie, musique et DJ. (p. 128)

Théâtres

Teatro Argentina Le premier théâtre de Rome affiche une programmation variée de pièces, performances et concerts. (p. 51)

Teatro India La salle alternative du Teatro di Roma. (p. 51)

Envie de...
Rome avec des enfants

Malgré sa réputation de destination culturelle, Rome a beaucoup à offrir aux enfants. Peu d'attractions leur sont spécifiquement destinées, mais il suffit de savoir où aller pour contenter petits et grands.

Musées

Explora – Museo dei Bambini di Roma (06 361 37 76 ; www.mdbr.it ; Via Flaminia 80-86 ; tarif plein/réduit 8/5 € ; 10h, 12h, 15h et 17h mar-dim ; Flaminio). Proche de la Piazza del Popolo, ce musée, comportant un parcours d'exposition interactif ainsi qu'une aire de jeux gratuite, s'adresse aux moins de 12 ans.

Museo delle Cere (Musée de cire ; 06 679 64 82 ; www.museodellecereroma.com ; Piazza dei Santissimi Apostoli 67 ; tarif adulte/réduit 9/4,5 € ; 9h-21h été, 9h-20 hiver ; Via IV Novembre). Pour une rencontre avec des papes, des rock stars et des joueurs de foot, direction le musée de Cire de Rome.

Museo delle Mura (06 7047 5284 ; www.museodellemuraroma.it ; Via di Porta San Sebastiano 18 ; entrée libre ; 9am-14h mar-dim ; Porta San Sebastiano). Dans le cadre de ce petit musée aménagé dans l'une des anciennes portes de la ville, vous pourrez marcher le long d'un tronçon du mur d'Aurélien.

Shopping

Bartolucci (plan p. 42, D3 ; www.bartolucci.com ; Via dei Pastini 98 ; 10h-22h30 ; Via del Corso). Succès assuré auprès des enfants dans cette boutique de jouets qui charmera aussi les parents avec ses superbes objets en bois sculpté.

☑ À savoir

▶ Les rues pavées rendent difficile la circulation avec un landau ou une poussette.

▶ Au restaurant, demandez une *mezza porzione* (portion pour enfant) et un *seggiolone* (chaise haute).

▶ Achetez en pharmacie aliments pour bébé et solutions de stérilisation. Les couches jetables (couches : *pannolini*) se trouvent dans les supermarchés et en pharmacie.

▶ Tous les transports publics en ville sont gratuits pour les moins de 10 ans.

Envie de... Circuits

Un guide permet de voir davantage de choses en un temps réduit ou de visiter les sites plus en profondeur. En haute saison, réservez les circuits à l'avance.

À pied

Visiterome (334 340 86 93 ; www.visiterome.com). Cette association regroupe des guides officiels francophones passionnés et passionnants. Elle organise des circuits (à pied, à vélo ou à scooter) insolites à la découverte des palais privés, de la Rome souterraine ou des nouveaux quartiers de Rome, ainsi que des parcours pour les enfants. Visite en groupe (6-10 pers, 20-30 €/pers) ou visite privée à la carte (environ 145 €/3 heures).

Inventer Rome (www.inventerrome.com). Ils sont français ou italiens, historiens de l'art ou encore archéologues, spécialistes ou passionnés. En vous inscrivant quelques jours à l'avance sur le site (10€/visite et 5€ de cotisation annuelle), vous découvrirez à leurs côtés, en petits groupes, les lieux connus ou méconnus de Rome, ou encore les collections des musées.

En Bus

Open Bus Cristiana (06 69 89 61 ; www.operaromanapellegrinaggi.org ; aller simple 12 €, billet valable 24/48 heures 25/28 €). Ces services de bus avec montée et descente à volonté sont pratiques pour découvrir les sites avec de jeunes enfants ou quand on a du mal à marcher.

À vélo ou scooter

Bici e Baci (06 481 40 64 ; www.bicibaci.com ; Via Rosmini 26 ; circuits à vélo à partir de 30 €, circuits à Vespa à partir de 145 € ; 8h-19h lun-sam ; Termini) propose la visite guidée des principaux sites à vélo, à Vespa, en Fiat 500 ou en amusant 3 roues Ape Calessino.

☑ À savoir

▶ Opter pour un circuit guidé des grands sites vous évite de faire la queue pour acheter un billet, sert de coupe-file à l'entrée et vous permet parfois d'accéder à certaines parties d'un bâtiment ou site habituellement fermées au public.

Vespa Style Roma (06 446 62 68 ; www.vespastyleroma.it ; Via Milazzo 3a ; location de Vespa 15/69 € l'heure/journée, vélo électrique 25 €/jour ; 9h-19h ; Termini), face à la Stazione Termini de l'autre côté de la rue, loue des vélos électriques et organise des circuits à Vespa/vélo électrique (à partir de 70/40 €).

Envie de... Scène gay et lesbienne

La scène gay romaine est aussi discrète que vivante. Il y a relativement peu d'établissements uniquement homos, mais l'extrémité de la Via di San Giovanni in Laterano côté Colisée est l'un des quartiers les plus courus et nombre de clubs organisent régulièrement des soirées gays et/ou lesbiennes. En dehors de Rome, à Capocotta, une plage gay très populaire, Settimo Cielo, est accessible depuis Ostia Lido par le bus n°61.

Comportement

Rome est une ville conservatrice et ses législateurs ont longtemps été influencés par le Vatican. Toutefois, si la discrétion reste de mise, la communauté gay commence à faire son coming out et il règne une grande tolérance.

Manifestations

Le **Gay Village** (www.gayvillage.it ; Parco del Ninfeo, EUR ; juin-sept ; M EUR Magliana), la manifestation annuelle gay de Rome qui se tient dans l'EUR rassemble une foule immense et une flopée de DJ, musiciens et artistes. Il propose un mélange éclectique de musique, cinéma, débats et théâtre.

Adresses

Coming Out (plan p. 100, B1 ; 06 700 98 71 ; www.comingout.it ; Via di San Giovanni in Laterano 8 ; 7h30-2h ; Via Labicana). Il y a peu d'endroits aussi agréables pour siroter un verre que ce sympathique bar gay, près du Colisée, où par les chaudes soirées une foule débordante d'animation envahit la rue.

L'Alibi (06 574 34 48 ; Via di Monte Testaccio 44 ; 23h30-5h ven et sam ; Via Galvani). Club gay historique toujours bien vivant : il accueille des fêtes le week-end et attire une foule gay et hétéro avec un mixte de house, de techno, de hip-hop, de Latino, de pop et de dance.

☑ À savoir

▶ **Arcigay Roma** (06 6450 1102 ; www.arcigayroma.it ; Via Nicola Zabaglia 14) est la branche romaine de l'organisation italienne pour la communauté LGBT.

▶ **Circolo Mario Mieli di Cultura Omosessuale** (06 541 39 85 ; www.mariomieli.org ; Via Efeso 2a ; 9h-18h lun-ven ; M Basilica San Paolo) organise des débats et des manifestations culturelles.

Carnet pratique

Avant de partir — **174**
Quand partir 174
Réserver son séjour 174

Arriver à Rome — **176**
Depuis/vers l'aéroport international
Leonardo da Vinci (Fiumicino) 176
Depuis/vers l'aéroport international
de Roma Ciampino. 176
Stazione Termini et gare routière 177

Comment circuler — **178**
Métro. 178
Bus. 178
Tramway. 178
Taxi 179

Infos pratiques — **180**
Argent. 180
Désagréments et dangers 181
Électricité 181
Handicapés. 181
Heures d'ouverture. 182
Jours fériés. 182
Offices du tourisme 182
Téléphone. 183
Toilettes 183
Urgences. 183
Visas. 183

Langue — **184**

Carnet pratique

Avant de partir

Quand partir

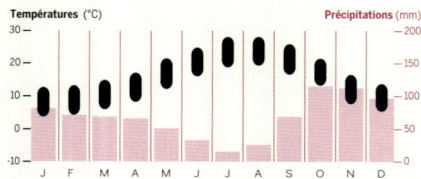

➡ **Hiver (déc-fév).** Les jours sont courts et il fait froid. Peu de monde dans les musées, prix bas, sauf à Noël et au Nouvel An.

➡ **Printemps (mars-mai).** Temps chaud et ensoleillé. Fêtes de Pâques célébrées avec ferveur, azalées colorées sur l'escalier de la Trinité-des-Monts. C'est la haute saison, les tarifs sont élevés.

➡ **Été (juin-août).** Temps très chaud. Nombreux événements et manifestations en plein air. En août, les Romains désertent la capitale et les hôteliers baissent leurs prix.

➡ **Automne (sept-nov).** Temps encore assez chaud. Les foules se réduisent et le festival RomaEuropa débute. Avec novembre arrivent la pluie et les tarifs de basse saison.

Réserver son séjour

➡ À Rome, les hébergements sont chers et très demandés ; réservez à l'avance pour obtenir les meilleurs tarifs.

➡ Du palace aux auberges de jeunesse, en passant par les pensions, hôtels et chambres d'hôtes dans tous les styles et à tous les prix… Vous aurez l'embarras du choix pour vous loger, le moins cher étant les auberges de jeunesse.

➡ Réservez le plus tôt possible, en particulier en haute saison (printemps et automne) et pendant les grandes fêtes religieuses.

➡ Demandez une *camera matrimoniale* pour une chambre avec un lit double, une *camera doppia* pour des lits jumeaux.

➡ Lors du check-in, il faut présenter une pièce d'identité. Le check-out s'effectue entre 10h et 12h. Vers 9h dans les auberges de jeunesse.

Avant de partir 175

Sites Web

Lonely Planet (www.lonelyplanet.fr/destinations/europe/italie/rome/hebergement). Critiques d'hébergements par nos auteurs.

Cross Pollinate (www.cross-pollinate.com). Chambres et appartements inspectés par l'équipe qui est derrière Beehive, auberge de charme à Rome.

Bed & Breakfast Association of Rome (www.b-b.rm.it). B&B et locations d'appartements.

Bed & Breakfast Italia (www.bbitalia.it). Le réseau de B&B le plus ancien à Rome.

Rome As You Feel (www.romeasyoufeel.com). Location d'appartements, du plus luxueux au moins cher.

Petits budgets

Generator Hostel (☏06 492 330 ; https://generatorhostels.com ; Via Principe Amedeo 257 ; dort 17-70 €, d 50-200 € ; ❄@🛜 ; ⓂVittorio Emanuele). Le chic urbain d'un nouveau concept d'auberge.

Althea Inn (☏06 9893 2666, 339 4353717 www.altheainn.com ; Via dei Conciatori 9 ; d 120 € ; ❄🛜 ; ⓂPiramide). Confort design à petits prix.

Beehive (☏06 4470 4553 ; www.the-beehive.com ; Via Marghera 8 ; dm 35-40 €, d sans sdb 80 €, s/d/tr 70/100/120 € ; ⓒréception 7h-23h ; ❄🛜 ; ⓂTermini). Auberge chic près de Termini.

Hotel Pensione Barrett (☏06 686 8481 ; www.pensionebarrett.com ; Largo di Torre Argentina 47 ; s/d/tr 115/135/165 € ; ❄🛜 ; 🚌Largo di Torre Argentina) Accueillante *pensione* à l'ancienne.

Catégorie intermédiaire

Palm Gallery Hotel (☏06 6478 1859 ; www.palmgalleryhotel.com ; Via delle Alpi 15d ; s 130-160 €, d 150-210 € ; ❄🛜 ; 🚌Via Nomentana, 🚌Viale Regina Margherita). Charmant hôtel dans un élégant quartier.

Arco del Lauro (☏06 9784 0350 ; www.arcodellauro.it ; Via Arco de' Tolomei 27 ; d 95-135 €, q 135-175 € ; ❄@🛜 ; 🚌Viale di Trastevere, 🚌Viale di Trastevere). B&B sympa dans le Trastevere.

Residenza Maritti (☏06 678 82 33 ; www.residenzamaritti.com ; Via Tor de' Conti 17 ; s/d/tr 120/170/190 € ; ❄🛜 ; ⓂCavour). Un bijou caché avec vue sur les Forums.

Nerva Boutique Hotel (☏06 678 18 35 ; www.hotelnerva.com ; Via Tor de' Conti 3 ; d 143-300 € ; ❄🛜 ; ⓂCavour). Élégant hôtel niché derrière les Forums.

Catégorie supérieure

Villa Spalletti Trivelli (☏06 4890 7934 ; www.villaspalletti.it ; Via Piacenza 4 ; d 625 € ; P❄@🛜 ; ⓂSpagna). La noblesse d'une villa campagnarde.

Hotel Campo de' Fiori (☏06 6880 6865 ; www.hotelcampodefiori.com ; Via del Biscione 6 ; ch 280-430 €, apt 230-350 € ; ❄@🛜 ; 🚌Corso Vittorio Emanuele II). Élégant quatre-étoiles au cœur de l'action.

Gigli d'Oro Suite (☏06 6839 2055 ; www.giglidorosuite.com ; Via dei Gigli d'Oro 12 ; ch 215-410 € ; ❄🛜 ; 🚌Corso del Rinascimento). *Palazzo* du XVe siècle revisité.

Fendi Private Suites (☏06 9779 8080 ; www.fendiprivatesuites.com ; Via della Fontanella di Borghese 48, Palazzo Fendi ; d à partir de 900 € ; P❄@🛜 ; 🚌Via del Corso). Pour vivre un rêve au sein du Palazzo Fendi.

Arriver à Rome

Depuis/vers l'aéroport international Leonardo da Vinci (Fiumicino)

Principal aéroport de Rome, **Leonardo da Vinci** (Fiumicino ; 📞06 6 59 51 ; www.adr.it/fiumicino) se situe à 30 km à l'ouest de la ville.

Le train est le moyen le plus simple pour rejoindre la ville, mais il y a aussi des bus et des navettes privées.

Leonardo Express Train (aller-simple 14 €). Circule depuis/vers la Stazione Termini. Départ de l'aéroport toutes les 30 min entre 6h23 et 23h23, et de Termini entre 5h35 et 22h35. Temps de trajet : 30 minutes.

FL1 Train (aller-simple 8 €). Relie l'aéroport aux gares de Trastevere, Ostiense et Tiburtina, mais ne dessert pas Termini. Départ depuis Fiumicino toutes les 15 min (toutes les demi-heures le dimanche et les jours fériés) entre 5h57 et 22h42, de Tiburtina toutes les 15 min entre 5h01 et 19h31, puis toutes les demi-heures jusqu'à 22h01.

Bus SIT (Fiumicino) (📞06 591 68 26 ; www.sitbusshuttle.com ; aller-simple/retour 6/11 €). Départs réguliers de l'aéroport vers la Stazione Termini (Via Marsala) de 8h30 à 0h30, et de Termini entre 5h et 20h30. Les bus s'arrêtent en chemin près du Vatican. Tickets disponibles dans le bus. Temps de trajet : 1 heure.

Bus Aéroport Cotral (📞800 174471 ; www.cotralspa.it ; aller-simple 5 €, à bord du bus 7 €). Circule entre Fiumicino et la Stazione Tiburtina via Termini. Trois à six départs quotidiens, dont des services de nuit au départ de l'aéroport à 1h15, 2h15, 3h30 et 5h, et au départ de Tiburtina à 0h30, 1h15, 2h30 et 3h45. Temps de trajet : 1 heure.

Depuis/vers l'aéroport international de Roma Ciampino

Ciampino (📞06 6 59 51 ; www.adr.it/ciampino), situé à 15 km au sud-est du centre-ville, est utilisé par **Ryanair** (📞895 5895509 ; www.ryanair.com) pour ses vols desservant l'Italie et l'Europe.

Pour rejoindre la ville, le mieux est d'emprunter l'un des services de bus dédiés. On peut aussi prendre un bus pour la gare de Ciampino puis un train pour Termini.

Airport **shuttle** (navette d'aéroport ; 📞06 420 13 469 ; www.airportshuttle.it). Transferts depuis/vers votre hôtel moyennant 25 € pour une personne, puis 6 € pour chaque passager supplémentaire.

Bus SIT – Ciampino (📞06 591 68 26 ; www.sitbusshuttle.com ; vers/depuis l'aéroport 6/5 €, retour 9 €). Départs réguliers de l'aéroport pour la Via Marsala, devant la Stazione Termini, entre 7h45 et 23h30 ; depuis Termini, départs entre 4h30 et 21h30. Billets en vente dans le bus. Temps de trajet : 35 minutes.

Atral (www.atral-lazio.com). Bus réguliers entre l'aéroport de Ciampino, la station de métro Anagnina (1,20 €) et la gare Ciampino (1,20 €),

Arriver à Rome

d'où vous pourrez prendre un train pour Termini (1,50 €).

Depuis la France

Air France (☎ 36 54, 0,34 €/min ; www.airfrance.com) propose des vols depuis Paris (2 heures 10 de vol, à partir de 140 € l'aller-retour) et la province. Ryanair (www.ryanair.com) et easyJet (www.easyjet.com) proposent des vols souvent moins chers.

Depuis la Belgique

Brussels Airlines (☎ 0902 51 600 ; www.brusselsairlines.com) et Alitalia (☎ 02 551 11 50 ; www.alitalia.com/FR_FR) assurent des vols depuis Bruxelles à partir de 110 € aller-retour (2 heures). Avec **Ryanair** (☎ 0902 33 660 ; www.ryanair.com), les tarifs peuvent être plus intéressants.

Depuis la Suisse

Swiss (www.swiss.com) propose des vols directs Zurich-Rome à partir de 230 CHF aller-retour (1 heure 30). **EasyJet** (www.easyjet.com) assure des directs Genève-Rome et Bâle-Rome (1 heure 30). Les tarifs les plus intéressants débutent autour de 70 CHF.

Depuis le Canada

Air Transat (www.airtransat.ca) propose des vols directs pour Rome depuis Toronto ou Montréal aux alentours de 1000 $C en été (11 heures environ). Les tarifs de **Air Canada** (☎ 888 247 2262 ; www.aircanada.com) sont sensiblement les mêmes.

Stazione Termini et gare routière

➜ La **Stazione Termini** (www.romatermini.com ; Piazza dei Cinquecento ; ⓂTermini) est le principal carrefour des transports de Rome : services réguliers vers d'autres pays européens et les principales villes italiennes.

➜ Renseignements au Service clients dans le hall principal, à gauche de la billetterie, sur le site Internet www.trenitalia.com ou par téléphone au ☎ 892 021.

➜ Correspondances en métro ou par bus devant la gare sur la Piazza dei Cinquecento. Les taxis sont devant l'entrée (et la sortie) principale.

➜ **Consigne à bagages** (Stazione Termini ; 1res 5 heures 6 €, 6-12 heures 0,90 €/heure, 13 heures et plus 0,40 €/heure ; ⏱6h-23h ; ⓂTermini). Sur le quai 24 du côté de la gare donnant Via Giolitti.

Depuis la France

Thello (www.thello.com) La compagnie dessert Venise et Milan depuis Paris, d'où l'on peut prendre un train pour Rome.

Depuis la Belgique

Pas de train direct. Le plus simple est de prendre le Thalys jusqu'à Paris.

Depuis la Suisse

De Zurich, Genève ou Bâle, un train de **CFF** (☎Rail Service 0900 300 300 ; www.cff.ch) vous conduit à Milan. Comptez environ 4 heures et 25-40 CHF. De là, la LGV de **Trenitalia** (www.trenitalia.com) vous emmène à Rome en 3 heures.

Comment circuler

Les transports publics comptent bus, tramways, métro et trains de banlieue. La grande plaque tournante étant la Stazione Termini.

Métro

➜ Les deux principales lignes du métro romain, la ligne A (orange) et la ligne B (bleue), se croisent à Termini. La ligne secondaire B1 dessert la banlieue nord et la ligne C les banlieues sud-est.

➜ Les trains circulent entre 5h30 et 23h30 (jusqu'à 1h30 les vendredis et samedis).

➜ Toutes les stations de la ligne B sont dotées d'ascenseurs et sont accessibles aux fauteuils roulants, sauf Circo Massimo, Colosseo et Cavour. Sur la ligne A, seules les stations Cipro et Termini sont équipées d'ascenseurs.

➜ La ligne A permet de rejoindre la fontaine de Trevi (MBarberini), l'escalier de la Trinité-des-Monts (MSpagna), et la basilique Saint-Pierre (MOttaviano-San Pietro).

➜ La ligne B donne accès au Colisée (MColosseo).

Bus

➜ Le service de bus est géré par **ATAC** (📞06 5 70 03 ; www.atac.roma.it).

➜ La principale gare routière (Piazza dei Cinquecento) se situe devant la Stazione Termini sur la Piazza dei Cinquecento, où se trouve un kiosque d'information (Piazza dei Cinquecento ; ⏱8h-20h ; MTermini).

➜ Autres gares importantes : le Largo di Torre Argentina et la Piazza Venezia.

➜ Les bus circulent en général de 5h30 à minuit ; il y en a toute la nuit mais en service restreint.

➜ Plus de 25 lignes de bus circulent la nuit. Nombre d'entre elles passent par Termini et/ou Piazza Venezia. Les bus de nuit sont indiqués par la lettre "N" avant le numéro et leurs arrêts sont marqués d'une chouette bleue. Les départs ont généralement lieu toutes les 15 à 30 minutes, mais peuvent aussi être nettement moins fréquents.

Tramway

Rome possède un réseau limité de tramway. Plan de leurs itinéraires sur www.atac.roma.it.

Bus au départ de Termini

De la Piazza dei Cinquecento, devant la Stazione Termini, les bus desservent les quatre coins de la ville.

DESTINATION	NUMÉRO DU BUS
Place Saint-Pierre	40/64
Piazza Venezia	40/64
Piazza Navona	40/64
Campo de' Fiori	40/64
Panthéon	40/64
Colisée	75
Thermes de Caracalla	714
Villa Borghèse	910
Trastevere	H

Comment circuler

Billets et pass

Les billets des transports en commun sont valables sur tous les types de réseaux romains (tramway, bus, etc.) à l'exception des trains se rendant à l'aéroport Leonardo da Vinci (Fiumicino). Vous avez le choix entre plusieurs types de billets :

BIT (*biglietto integrato a tempo,* ce billet permet d'emprunter tous les modes de transports dont une seule fois le métro durant 1 heure 40) 1,50 €

➡ **Roma 24h** (valable 24 heures) 7 €

➡ **Roma 48h** (valable 48 heures) 12,50 €

➡ **Roma 72h** (valable 72 heures) 18 €

➡ **CIS** (*carta integrata settimanale,* ticket hebdomadaire) 24 €

Abbonamento mensile (abonnement mensuel) nominatif 35 € ; non nominatif 53 €

Roma Pass (valable dans les limites de la ville pendant 2/3 jours 28/38,50 €) Les tickets s'achètent dans les *tabacchi (bureaux de tabac),* les kiosques, dans les distributeurs aux arrêts de bus et dans les stations de métro. Ils doivent être compostés dans le bus, à l'entrée des métros ou dans les gares. Circuler sans ticket peut vous valoir une amende de 50 € minimum. Les enfants de moins de 10 ans voyagent gratuitement.

Lignes les plus utiles :

Ligne 2 Piazzale Flaminio vers/depuis Piazza Mancini.

Ligne 3 Museo Nazionale Etrusco di Villa Giulia vers/depuis San Lorenzo, San Giovanni et Trastevere.

Ligne 8 Piazza Venezia vers/depuis Trastevere.

Ligne 19 Piazza del Risorgimento vers/depuis Villa Borghese, San Lorenzo, Via Prenestina.

Taxi

➡ Les taxis avec licence sont blancs avec un numéro d'identification et l'inscription *Roma Capitale* sur les côtés.

➡ Optez toujours pour les trajets avec compteur, jamais pour un tarif négocié au préalable (seule exception : le montant fixe des courses depuis/vers les aéroports).

➡ Les tarifs officiels sont affichés dans les taxis et indiqués sur https://romamobilita.it/it/servizi/taxi/tariffe.

➡ On peut bien sûr héler un taxi, mais il est plus simple d'attendre à une station ou de téléphoner. Vous trouverez des stations de taxis aux aéroports, à la Stazione Termini, sur les sites principaux et les places.

➡ Une liste des compagnies de taxis figure sur le site www.060608.it – cliquez sur l'onglet "trasporti", puis "Muoversi in città" et "In taxi".

Cartes de réduction

Archaeologia Card (tarif plein/réduit 25/15 € ; valable 7 jours). Donne accès à : Colisée, Palatin, Forum romain, Museo Nazionale Romano (Palazzo Altemps, Palazzo Massimo alle Terme, Terme di Diocleziano, Crypta Balbi), Terme di Caracalla, Mausoleo di Cecilia Metella et Villa dei Quintili. S'achète dans les sites participants ou par téléphone ☎ 06 3996 7700.

Omnia Card (115 € ; valable 72 heures). Comprend l'entrée coupe-file aux musées du Vatican, des audio-guides pour la visite de la basilique Saint-Pierre et de la basilique Saint-Jean-de-Latran. Plus la circulation gratuite pendant 72 heures à bord du Roma Cristiana Open Bus et des transports en commun à l'intérieur de Rome. L'entrée gratuite dans deux autres musées ou sites archéologiques, puis une réduction de 40% sur les autres sites majeurs. Version valable 24 heures (55 €). Détails sur www.omniakit.org.

Roma Pass (38,50 € ; valable 72 heures) Entrée gratuite dans deux sites ou musées, puis tarifs réduits sur les autres sites et musées ainsi que sur les expositions et autres manifestations. Transports en communs illimités à l'intérieur de la ville. Version plus limitée valable 48 heures (28 €). Pour en savoir plus consultez www.romapass.it.

Infos pratiques

Argent
Distributeurs automatiques de billets

➡ Les DAB (appelés *bancomat* en Italie) sont omniprésents à Rome. La plupart acceptent les cartes de crédit Visa, MasterCard, Cirrus et Maestro.

➡ Prévenez toujours votre banque de vos déplacements à l'étranger pour éviter un blocage de votre carte.

Cartes de crédit

Pratiquement tous les hôtels de catégories moyenne et supérieure acceptent les cartes de crédit, tout comme la plupart des restaurants et des grands magasins. Certaines *pensioni*, trattorias et pizzerias bon marché n'acceptent que les espèces. Ne comptez pas sur votre carte de crédit pour payer l'entrée des musées et des galeries.

➡ En cas de perte ou de vol de votre carte ou si elle est avalée par un DAB, téléphonez aussitôt pour faire opposition.

Pourboire

➡ Le service (*servizio*) est généralement inclus dans les restaurants – si ce n'est pas le cas, un euro ou deux suffisent dans une pizzeria et vous pouvez laisser 10% de la note au restaurant. Le pourboire n'est pas nécessaire dans les bars.

➡ Dans les taxis, on arrondit le montant de la course à l'euro supérieur.

➡ Comptez environ 5 € de pourboire pour les portiers des grands hôtels.

Désagréments et dangers

Rome n'est pas une ville dangereuse, mais le vol à la tire peut y poser problème.

➡ Les pickpockets sévissent surtout dans les quartiers touristiques comme le Colisée, la Piazza di Spagna et la place Saint-Pierre.

➡ Montrez-vous vigilant, à la Stazione Termini et dans les transports en commun bondés – en la matière, le bus n°64 est particulièrement réputé.

➡ En terrasse, ne posez jamais votre sac sur une chaise côté rue et tâchez de garder un œil dessus.

➡ Méfiez-vous des bandes de gamins qui détournent l'attention des touristes. Si vous vous sentez visé, éloignez-vous ou criez "*Va via !*" (Allez vous-en !).

➡ Attention aussi au rendu de la monnaie – vérifiez toujours qu'on ne vous a pas donné "accidentellement" un billet d'une valeur inférieure.

➡ En cas de vol ou de perte, faites une déclaration à la police dans les 24 heures en demandant le double de votre déclaration.

Électricité

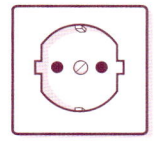

230 V/50 Hz

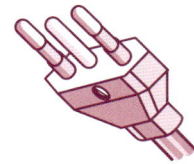

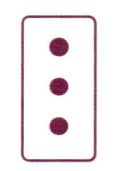

230 V/50 Hz

Handicapés

➡ Rues pavées, trottoirs encombrés et ascenseurs minuscules rendent difficile la circulation pour les personnes en fauteuil roulant, la circulation incessante peut également désorienter les personnes à vision ou à audition réduite.

➡ Toutes les stations sur la ligne de métro B sont accessibles en fauteuil roulant et ont des ascenseurs, à l'exception des stations Circo Massimo, Colosseo et Cavour. Sur la ligne A, les stations Cipro et Termini sont équipées d'ascenseurs.

➡ Le bus n°590, qui couvre le même itinéraire que la ligne A du métro, fait partie des 19 lignes de bus et de tramways accessibles aux fauteuils roulants. Les itinéraires accessibles aux personnes à mobilité réduite sont indiqués sur les arrêts de bus.

➡ Si vous voyagez en train, contactez le centre d'appel national pour l'aide aux personnes à mobilité réduite ☏199 303060. Dans la Stazione Termini, la **Sala Blu Assistenza Disabili** (☏800 90 60 60 ; Stazione Termini ; ⏱6h45-21h30 ; Ⓜ Termini), près du quai 1, pourra vous renseigner sur les trains accessibles aux fauteuils roulants et vous aider à circuler dans la gare (prévenez 24 heures à l'avance). Il existe un service similaire dans les gares de Tiburtina et d'Ostiense.

➡ Certains taxis sont équipés pour transporter les passagers en fauteuil roulant : demandez un taxi pour une *sedia a rotelle* (chaise roulante).

Heures d'ouverture

Banques 8h30-13h30 et 14h45-16h30 du lundi au vendredi

Bars et cafés 7h30-20h, parfois jusqu'à 1h ou 2h

Commerces 9h-19h30 ou 10h-20h du lundi au samedi, certains de 11h à 19h le dimanche ; petites boutiques 9h-13h et 15h30-19h30 (ou 16h-20h) du lundi au samedi ; certains commerces sont fermés le lundi matin.

Discothèques 22h-4h ou 5h

Restaurants 12h-15h et 19h30-23h (plus tard en été)

Jours fériés

Capodanno (Nouvel An) 1er janvier

Pas d'impair !

À faire...

➡ Dire *buongiorno* (bonjour) ou *buonasera* (bonsoir).

➡ Adopter une tenue décente lorsque l'on visite une église, et plus habillée si l'on va au restaurant.

➡ Manger ses pâtes avec une fourchette plutôt qu'avec une cuillère, et garder les mains sur la table.

À ne pas faire...

➡ Se sentir obligé de commander tout ce qui figure au menu. Personne ne s'attend à ce que vous mangiez entrée, pâtes, plat et dessert à chaque repas.

➡ Commander un cappuccino après le déjeuner ou le dîner. C'est possible, mais les Romains, eux, ne le font pas.

➡ Attendre que les voitures cèdent le passage aux piétons. C'est au piéton de s'engager.

Epifania (Épiphanie) 6 janvier

Pasquetta (lundi de Pâques) Mars/avril

Giorno della Liberazione (jour de la libération) 25 avril

Festa del Lavoro (fête du Travail) 1er mai

Festa della Repubblica (fête nationale) 2 juin

Festa dei Santi Pietro e Paolo (fête de Saint-Pierre et Saint-Paul) 29 juin

Ferragosto (Assomption) 15 août

Festa di Ognissanti (Toussaint) 1er novembre

Festa dell'Immacolata Concezione (fête de l'Immaculée Conception) 8 décembre

Natale (Noël) 25 décembre

Festa di Santo Stefano (Saint-Étienne) 26 décembre

Infos pratiques

Offices du tourisme

Turismo Roma (www.turismoroma.it/?lang=fr ; 🏛), site Internet de l'office du tourisme de Rome, offre des renseignements complets sur les sites, l'hébergement, les transports et les activités ainsi que des itinéraires.

Vous trouverez des points d'information aux aéroports **Leonardo da Vinci (Fiumicino)** (arrivées internationales ; Terminal 3 ; 🕘8h-20h45) et de **Ciampino** (hall des arrivées ; 🕘8h30-18h). Il y en a aussi aux endroits suivants :

Piazza delle Cinque Lune (plan p. 42 ; Piazza delle Cinque Lune ; 🕘9h30-19h ; 🚌Corso del Rinascimento) Près de la Piazza Navona.

Stazione Termini (📞06 06 08 ; www.turismoroma.it ; Via Giovanni Giolitti 34 ; 🕘9h-17h ; Ⓜ Termini). Dans le hall jouxtant le quai 24.

Fori Imperiali (plan p. 30 ; Via dei Fori Imperiali ; 🕘9h30-19h ; 🚌Via dei Fori Imperiali)

Via Marco Minghetti (📞06 06 08 ; www.turismoroma.it ; Via Marco Minghetti ; 🕘9h30-19h ; 🚌Via del Corso). Entre la Via del Corso et la fontaine de Trevi.

Via Nazionale (📞06 06 08 ; www.turismoroma.it ; Via Nazionale 184 ; 🕘9h30-19h ; 🚌Via Nazionale). En face du Palazzo delle Esposizioni.

Castel Sant'Angelo (Piazza Pia ; 🕘9h30-19h ; 🚌Piazza Pia)

Pour des renseignements sur le Vatican, rendez-vous à l'**Ufficio Pellegrini e Turisti** (plan p. 140 ; 📞06 6988 1662 ; place Saint-Pierre ; 🕘8h30-18h30 lun-sam ; 🚌Piazza del Risorgimento, Ⓜ Ottaviano-San Pietro).

Téléphone

➡ Le forfait des Européens fonctionne à Rome comme dans leur pays d'origine, sans surcoût. Les autres voyageurs doivent se renseigner sur les frais d'itinérance.

➡ Les cartes SIM locales sont compatibles avec les téléphones européens, et avec les téléphones nord-américains.

➡ On peut acheter une carte SIM prépayée *(prepagato)* chez TIM (www.tim.it), Wind (www.wind.it), Vodafone (www.vodafone.it) ou Tre (www.tre.it) qui possèdent tous des enseignes dans la ville.

Toilettes

Les toilettes publiques ne sont pas très répandues. Vous en trouverez sur la place Saint-Pierre et à la Stazione Termini (1 €). Sinon, en cas de besoin, utilisez celles d'un café ou d'un bar.

Urgences

Ambulance	📞118
Pompiers	📞115
Police	📞112, 113

Visas

➡ L'Italie est l'un des 26 pays d'Europe membres de l'espace Schengen.

➡ Les citoyens des États membres de l'Union européenne (UE) n'ont pas besoin de visa – une carte d'identité valide ou un passeport suffisent. Les Canadiens et les Suisses n'ont pas besoin de visa pour un séjour touristique n'excédant pas 90 jours.

Langue

Les Romains apprécient que l'on fasse l'effort de parler quelques mots de leur langue, même de façon très imparfaite. Les variantes linguistiques sont une composante forte de l'identité régionale italienne, mais vous n'aurez aucun mal à vous faire comprendre où que vous alliez si vous utilisez un italien "standard", tel que celui présenté dans ce chapitre.

L'italien oral ne pose pas de grosses difficultés car, à l'exception du r roulé, tous ses sons existent en français et toutes les lettres écrites se prononcent, y compris les doubles consonnes. Le seul problème que peuvent rencontrer les francophones concerne l'accent tonique, dont la position varie. Dans ce chapitre, nous indiquons en italique la syllabe accentuée.

Un guide de conversation italien existe aux éditions Lonely Planet.

Expressions courantes

Bonjour. *Buongiorno.* bwon·*djor*·no

Au revoir. *Arrivederci.* a·ri·ve·*der*·chi

Comment allez-vous ?
Come sta? *ko*·me sta

Bien. Et vous ?
Bene. E Lei? be·né é leï

S'il vous plaît.
Per favore. per fa·*vo*·ré

Merci.
Grazie. *gra*·tsié

Excusez-moi.
Mi scusi. mi *skoo*·zi

Désolé.
Mi dispiace. mi dis·*pia*·tché

Oui./Non. *Sì./No.* si/no

Je ne comprends pas.
Non capisco. non ka·*pi*·sko

Parlez-vous français ?
Parla francese? *par*·la fran·*tché*·zé

Au restaurant

Je voudrais...	*Vorrei ...*	vo·*reï* ...
un café	*un caffè*	ounn ka·*fè*
une table	*una tavola*	ounna *ta*·vo·la
le menu	*il menù*	il me·*nou*
deux bières	*due birre*	doo·é bi·*ré*

Que me conseillez-vous ?
Cosa mi consiglia? *ko*·za mi kon·*si*·lia

Bon appétit !
Buon appetito! bwon a·pé·*ti*·to

C'était délicieux !
Era squisito! e·ra skwi·*zi*·to

Santé !
Salute! sa·*lou*·té

Donnez-moi l'addition, s'il vous plaît.
Mi porta il conto, per favore mi *por*·ta il *kon*·to per fa·*vo*·ré

Shopping

Je voudrais acheter...
Vorrei ... comprare vo·*reï* ... kom·*pra*·ré ...

Langue

Je regarde juste.
Sto solo guardando — sto *so*·lo gwar·*dan*·do

Combien ça coûte ?
Quanto costa kwé·sto? — kwan·to kos·ta questo

C'est trop cher.
È troppo caro/cara. (m/f) — è tro·po ka·ro/ka·ra

Urgences

Au secours !
Aiuto! — a·*you*·to

Appelez la police !
Chiami la polizia! — *kya*·mi la po·li·*tsi*·ya

Appelez un médecin !
Chiami un medico! — *kya*·mi ounn *mè*·di·ko

Je suis malade.
Mi sento male. — mi *sen*·to *ma*·lé

Je suis perdu(e).
Mi sono perso/persa. (m/f) — mi *so*·no *per*·so/*per*·sa

Où sont les toilettes ?
Dove sono i gabinetti? — *do*·vè *so*·no i ga·bi·*né*·ti

Heure et nombres

Quelle heure est-il ?
Che ora è? — ké *o*·ra è

Il est (2h).
Sono le (due) — *so*·no lé (*dou*·é)

matin	mattina	ma·*ti*·na
après-midi	pomeriggio	po·mé·*ri*·djo
soir	sera	*sé*·ra
hier	ieri	*yé*·ri
aujourd'hui	oggi	*o*·dji
demain	domani	do·*ma*·ni

1	uno	*ou*·no
2	due	*dou*·é
3	tre	tré
4	quattro	*kwa*·tro
5	cinque	*tchin*·kwé
6	sei	seï
7	sette	*sét*·té
8	otto	*o*·to
9	nove	*no*·vé
10	dieci	*dié*·tchi
100	cento	*tchèn*·to
1000	mille	*mi*·lé

Transports et orientation

Où est... ?
Dov'è ...? — do·vè ...

Quelle est l'adresse ?
Qual'è l'indirizzo? — kwa·lé lin·di·*ri*·tso

Pouvez-vous me montrer (sur le plan) ?
Può mostrarmi (sulla pianta)? — pwo mos·*trar*·mi (sou·la *pian*·ta)

À quelle heure part le... ?
A che ora parte ...? — a ké *o*·ra *par*·té ...

S'arrête-t-il à... ?
Si ferma a ...? — si *fer*·ma a ...

Comment puis-je m'y rendre ?
Come ci si arriva? — *ko*·mé tchi si a·*ri*·va

bus	autobus	*aou*·to·bous
ticket	biglietto	bi·*liét*·to
horaire	orario	o·*ra*·rio
train	treno	*tré*·no

En coulisse

Vos réactions ?
Vos commentaires nous sont très précieux pour améliorer nos guides. Notre équipe lit vos lettres avec la plus grande attention et prend en compte vos remarques pour les prochaines mises à jour. Pour nous faire part de vos réactions, prendre connaissance de notre catalogue et vous abonner à notre newsletter, consultez notre site Internet : **www.lonelyplanet.fr**

Nous reprenons parfois des extraits de notre courrier pour les publier dans nos guides ou sites Web. Si vous ne souhaitez pas que vos commentaires soient repris ou que votre nom apparaisse, merci de nous le préciser. Notre politique en matière de confidentialité est disponible sur notre site Internet.

À nos lecteurs
Merci à tous les voyageurs qui ont utilisé la dernière édition de ce guide et qui nous ont écrit pour nous faire part de leurs conseils, de leurs suggestions et de leurs anecdotes.

Jean Armingaud, Anne-Sophie Bernard, Marie et Nicolas Busson, Chloé Grossetete, Claudie Lamouille, Stephanea Lucas, Nathalie Pierrat, David Silvera, Soumia et Brice.

Un mot des auteurs
Duncan Garwood
Un grand merci à Nicola Williams pour son super travail et à Anna Tyler pour son soutien. Pour leurs conseils et leur aide, *grazie* à Silvia Prosperi et Vania di Cicco de Frascati. Un clin d'œil à Richard McKenna pour les déjeuners partagés et, comme toujours, un tendre baiser à Lidia et aux garçons, Ben et Nick.

Nicola Williams
Grazie mille à tous ceux qui ont partagé avec moi leur amour et leur connaissance de Rome : Linda Martinez ; Daniela et Lorenza ; Elyssa Bernard ; Fiona Brewer ; Sian Lloyd et Lorna Davidson ; Gina Tringali et Eleonora Baldwin ; Molly McIlWrath et Daisy de Plume, historiennes de l'art passionnées. Enfin, bravo à l'équipe de recherche : Niko, Mischa et Kaya.

Crédits photographiques
Couverture : Teatro di Marcello, Luigi Vaccarella/4Corners ©

Photographie des pages 4-5 : Forum Romain, tupungato/Getty ©

À propos de cet ouvrage
Cette 6e édition française de *Rome en quelques jours* est une traduction-adaptation de la 5e édition de *Pocket Rome* mise à jour et rédigée par Duncan Garwood et Nicola Williams.

Traduction
Thérèse de Chérisey

Direction éditoriale
Didier Férat

Coordination éditoriale
Sophie Senart

Responsable prépresse
Jean-Noël Doan

Maquette Gudrun Fricke

Cartographie Cartes originales adaptées en français par Caroline Sahanouk

Couverture Adaptée en français par Laure Wilmot

Merci à Julie-Pomme Séramour pour sa préparation du texte, et à Bernard Guérin pour sa relecture attentive.

Index

Voir aussi les index des rubriques :

- 😵 **Se restaurer p. 189**
- 🍷 **Prendre un verre p. 190**
- ✪ **Sortir p. 190**
- 🔒 **Shopping p. 191**

....

A

ambulance 179
aperitivo 128, 161
architecture 53, 162
argent 16, 46, 179
art 160, 164
audiences papales 142
Auditorium Parco della Musica 148
Aventin et Testaccio 108, **110**
à voir 111
itinéraires 109
prendre un verre 114
se restaurer 112
shopping 115
sortir 115
transports 109

B

Basilica dei SS Giovanni e Paolo al Celio 102
Basilica dei SS Quattro Coronati 102
Basilique Saint-Clément 101
Basilica di San Lorenzo Fuori le Mura 79

Référence des sites
Référence des **cartes**

Basilica di San Paolo Fuori le Mura 107
Basilica di San Sebastiano 93
Basilique di Santa Maria del Popolo 59
Basilica di Santa Maria in Trastevere 118
Basilica di Santa Maria Sopra Minerva 45, 154
Basilica di Santa Prassede 87
Basilica di Santa Sabina 112
Basilica di Sant'Agostino 46
Basilique Saint-Pierre 136, **138**
Basilique Saint-Pierre-aux-Liens 86
Basilique Saint-Jean-de-Latran 98
Basilique Sainte-Marie-Majeure 85
Bernin, le 44, 53, 73, 137, 139, 147, 155
Bocca della Verità 33
Borromini, Francesco 41, 53, 99, 139, 155
budget 16, 46, 180
bus, circuit en 171
bus 178

C

café 74
Campo de' Fiori 51, 155
Caravage, le 45, 46, 59, 123, 147
cartes de crédit 180
Case Romane 102
Catacombe di San Callisto 95
Catacombe di San Sebastiano 93
Catacombe di Santa Domitilla 95
Celio, *voir* San Giovanni et Celio
centre historique 36-53, **42**
à voir 38, 44
itinéraires 37, 40, **40**
prendre un verre 49-50
se restaurer 46
shopping 51-2
sortir 51
transports 37
Chapelle Sixtine 135
Château Saint-Ange 142
Chiesa del Gesù 44
Chiesa di Santa Maria Antiqua 32
Chiesa di Santa Maria della Vittoria 73
Chiesa di Sant'Ignazio di Loyola 154

Chiesa di Santo Stefano Rotondo 101
Chiostro del Bramante 40
Cimitero Acattolico per gli Stranieri 112
Cimitero di Campo Verano 79
Circo di Massenzio 92
Circo Massimo 33
Cité du Vatican et Prati 130, **140**
à voir 132, 142
itinéraires 131
prendre un verre 144
se restaurer 143
shopping 145
sortir 145
transports 131
Colisée 24, 152
Convento dei Cappuccini 73

....

D

DAB 179
de Sica, Vittorio 77
Domus Aurea 86
Donation de Constantin 102, 103

E

Église Saint-Louis-des-Français 45

Index

Église de la Trinité-des-Monts 57
électricité 16, 179
empereurs romains 35
enfants, voyager avec des 170
enoteche 128
Escalier de la Trinité-des-Monts 56
Esquilin, *voir* Monti et Esquilin

F
Fellini, Federico 77
films 77, 168
Fontaine de Trevi 68
Fontana dei Quattro Fiumi 44
Fontana della Barcaccia 57
Forums impériaux 32
Forum romain 26, 152, **28**

G
Galleria Colonna 71
Galleria Corsini 123
Galleria delle Carte Geografiche 133
Galleria Doria Pamphilj 44
Galleria Sciarra 73
Garbatella 107
Garrone, Matteo 77
Ghetto juif 47
Giardino degli Aranci 112
glaces 159
Gramsci, Antonio 112
grattachecca 126

Référence des sites
Référence des **cartes**

H
handicapée, personne 182
hébergement 174
heures d'ouverture 179
histoire 35, 47, 53, 103, 156
homosexualité 172

I
italien, langue 184
Internet, sites 16, 174-5
itinéraires à pied 152, 171, **153**, **155**

J
Janicule 124
jardins du Vatican 142
jazz 169
jogging 33
jours fériés 180

K
Keats, John 57, 112
Keats-Shelley House 57

L
La Galleria Nazionale 148
Le Domus Romane di Palazzo Valentini 72-3

M
Madonna della Pietà 72
marchés 167
Mausoleo di Cecilia Metella 93
Mercati di Traiano - Museo dei Fori Imperiali 32

météo 174
métro 177
Michel-Ange 86, 135, 137, 139
Mithra 104
Monti et Esquilin 80, **84**
à voir 82, 85
itinéraires 81
prendre un verre 89
se restaurer 87
shopping 91
sortir 90
transports 81
musées 164, 170, *voir aussi* les musées ci-dessous
musées du Capitole 32, 153
musées du Vatican 132, **134**
Museo Capitoline Centrale Montemartini 107
Museo Carlo Bilotti 148
Museo Chiaramonti 133
Museo dell'Ara Pacis 60
Museo e Galleria Borghese 147
Museo Gregoriano Egizio 133
Museo Gregoriano Etrusco 135
Museo Nazionale delle Arti del XXI Secolo 148
Museo Nazionale Etrusco di Villa Guilia 147
Museo Nazionale Romano : Palazzo Altemps 44
Museo Nazionale Romano : Palazzo Massimo alle Terme 82
Museo Nazionale Romano : Terme di Diocleziano 85
Museo Pio-Clementino 133
musique 114, 168, 169

N
Nuovo Mercato di Testaccio 113

O
offices du tourisme 182
opéra 114, 168, 169
Orti Farnesiani 31
Orto Botanico 124
Ostiense 106, **106**

P
Palais du Quirinal 71
Palais Farnèse 46, 155
Palatin 31, 152
Palazzo Barberini 72
Palazzo delle Esposizioni 86
Palazzo Spada 41
Panthéon 38, 155
Pape 142
Parco Savello 112
Pasolini, Pier Paolo, 77
Piazza del Campidoglio 33, 153
Piazza del Popolo 59
Piazza del Quirinale 73
Piazza della Repubblica 86
Piazza di Santa Maria in Trastevere 121
Piazza di Spagna 56

Se restaurer

Piazza Navona 44, 155
Pietà 139
Pigneto 78, **78**
Pinacoteca 133
Pincio 60
Place Saint-Pierre 142
police 179
Prati, *voir* Cité du Vatican et Prati
pourboire 16, 180

Q
Quirinal, *voir* Trevi et Quirinal

R
Raphaël 135
réductions, carte de 180
Rome antique 22, **30**
  à voir 24, 31
  itinéraires 23
  prendre un verre 34
  se restaurer 33
  transports 23
Rossellini, Roberto 77

S
San Giovanni et Celio 96, **100**
  à voir 98, 101
  itinéraires 97
  prendre un verre 104
  se restaurer103
  shopping 105
  transports 97
San Lorenzo 78, **78**
San Paolo 106, **106**
Santuario della Scala Santa et Sancta Sanctorum 102
Scavi Archeologici di Ostia Antica 157

scooter, circuit en 171
shopping 166
Sorrentino, Paolo 77
Stanze di Raffaello 135

T
taxis 178
Teatro di Marcello 47
téléphone 16, 181
Terme di Caracalla 111, 114
Testaccio, *voir* Aventin et Testaccio
théâtre 169
toilettes 182
tramway 178
transports 17, 176
Trastavere et Janicule 116, **122**
  à voir 118, 123
  itinéraires 117, 120, **120**
  prendre un verre 126
  se restaurer 125
  shopping 129
  sortir 128
  transports 117
Trevi et Quirinal 66, **70**
  à voir 68-9, 71-3
  itinéraires 67
  prendre un verre 75
  se restaurer 74
  shopping 76
  sortir 76
  transports 67
Tridente 54, **58**
  à voir 56 59, 60
  itinéraires 55
  prendre un verre 62
  se restaurer 60
  shopping 64
  transports 55

U
urgences 179

V
Vacances Romaines 61
vélo, circuit à 171
Via Appia Antica 92, **94**
Via dei Condotti 64
Via del Governo Vecchio 41
Via del Porto Fluviale 107
Via Giulia 41
Via Margutta 61
Villa Borghèse 146, **149**
Villa Celimontana 102
Villa dei Quintili 93
Villa del Priorato di Malta 111
Villa di Massenzio 92
Villa Doria Pamphilj 124
Villa Farnesina 124
Villa Médicis 60
visas 183
Vittoriano 33, **153**

😋 Se restaurer

A
Ai Tre Scalini 87
Alfredo e Ada 41
Andreotti 107
Antonello Colonna Open 87
Appia Antica Caffè 93
Armando al Pantheon 48
Aroma 103
Aromaticus 88

B
Babette 62
Bistro del Quirino 74

C
Cafè Cafè 103
Caffè delle Arti 147
Casa Bleve 48
Colline Emiliane 74
Cups 113

D
Da Augusto 121
Da Enzo 125
Da Felice 113
Da Teo 126
Divin Ostilia 103
Doppiozeroo 107

E
Eataly 107
Emma Pizzeria 47
Est Est Est 83

F
Fa-Bio 143
Fatamorgana Corso 62
Fatamorgana Prati 144
Fiaschetteria Beltramme 60
Fior di Luna 125
Flavio al Velavevodetto 113
Forno di Campo de' Fiori 48
Forno La Renella 126
Forno Roscioli 47

G
Gelateria del Teatro 48
Ginger 61

Index

H
Hostaria Romana 74

I
Il Bocconcino 104
Il Gelato 114
Il Giardino di Giulia e Fratelli 93
Il Margutta 61
Il Sori 79
Il Sorpasso 144
Imàgo 61

L
La Ciambella 47
La Prosciutteria 125
L'Asino d'Oro 88

M
Mercato Centrale 88
Mordi e Vai 113

N
Necci dal 1924 79

O
Osteria Flaminio 147

P
Panattoni 125
Panella 87
Pasta Chef 88
Pasticceria Regoli 90
Pastificio 61
Pianostrada 46
Pizzarium 143
Pizzeria Da Remo 113
Pompi 62

Référence des sites
Référence des cartes

R
Ristorante L'Arcangelo 144
Ristorante Roof Garden Circus 34
Romeo e Giulietta 112

S
Said 79
San Crispino 69
Sora Mirella Caffè 126

T
Temakinho 87
Terre e Domus 33
Tiramisù Zum 48
Tram Tram 79
Trapizzino 113

V
Vineria Il Chianti 74

✷ Prendre un verre

0,75 34

A
Antico Caffè Greco 62

B
Babington's Tea Rooms 64
Bar San Calisto 121
Bar Stuzzichini 120
Barnum Cafe 49
Be.re 144
Bibenda Wine Concept 104
Bir & Fud 128
BrewDog Roma 34

C
Caffè Ciampini 63
Caffè Sant'Eustachio 49-50
Campo de' Fiori 51
Casa Manfredi 114
Circolo Illuminati 107
Coming Out 105
Co.So 79

E
Etablì 50

F
Freni e Frizioni 121

G
Gin Corner 50
Goa 107

I
Il Baretto 127
Il Palazzetto 63
Il Pentagrappolo 104
Il Sorì 79

K
Keyhole 126

L
La Bottega del Caffè 90
La Casa del Caffè Tazza d'Oro 50
La Casetta a Monti 89
L'Oasi della Birra 114

M
Makasar Bistrot w145
Moma 75

N
Necci dal 1924 79
Neo Club 107

O
Open Baladin 41

P
Pepy's Bar 75
Pimm's Good 126

R
Rec 23 114
Rivendita Libri, Cioccolata e Vino 127
Roscioli Caffè 50

S
Said 79
Sciascia Caffè 144
Spirito 79
Stravinskij Bar 64

T
Terrazza Caffarelli 34

V
Vinile 107
Vino Roma 89

Z
Zuma Bar 63

✷ Sortir
Alexanderplatz 145

Big Mama 121
Blackmarket 90
Charity Café 90-1
ConteStaccio 115
Fonclea 145
Gregory's Jazz Club 76
Lettere Caffè 128
Nuovo Sacher 121
Teatro Argentina 51
Teatro dell'Opera 114
Teatro dell'Opera di Roma 90
Teatro India 51

🛍 Shopping

A
Abito 91
Antica Caciara Trasteverina 129
Artisanal Cornucopia 65

B
Bartolucci 52
Benheart 129
Biscottificio Innocenti 129

C
Campo de' Fiori 51
Confetteria Moriondo & Gariglio 51

F
Fausto Santini (Monti et Esquilin) 76
Fausto Santini (Trevi et Quirinal) 76
Feltrinelli International 91
Flumen Profumi 65

G
Galleria Alberto Sordi 76
Gente 65

I
Ibiz – Artigianato in Cuoio 51
Il Sellaio 145

L
La Bottega del Cioccolato 91
Libreria Stendhal 52

M
Manila Grace 65
Marta Ray 52
Mercato Monti 91

N
namasTèy 52
Nuovo Mercato di Testaccio 113

P
Porta Portese 129

R
Rechicle 145
Re(f)use 64

S
Salumeria Roscioli 52
SBU 41
Soul Food 105

T
Tina Sondergaard 91

V
Via dei Condotti 64
Via Margutta 61
Volpetti 115

Les auteurs

Duncan Garwood
Après avoir affronté de fulgurants lanceurs de boules à la Barbade, esquivé des cochons affamés à Goa et connu nombre d'autres expériences uniques au cours de ses voyages, Duncan se consacre surtout à l'Italie, sa patrie d'adoption depuis qu'il y a élu domicile en 1997. Installé dans les collines des Castelli Romani, aux portes de Rome, il explore les destinations les plus connues comme les lieux les plus reculés du pays. Il a contribué à des guides sur Rome, la Sardaigne, la Sicile, le Piémont ainsi que Naples et la Côte amalfitaine. Il écrit également sur l'Italie pour des journaux, des magazines et des sites Internet.

Nicola Williams
Écrivain britannique passionnée de voyages, de course à pied, de gastronomie, d'art, et mère de trois enfants, Nicola Williams a vécu dans un village français pendant plus d'une décennie. Elle a contribué à plus de 50 guides Lonely Planet sur Paris, la Provence, la France, Rome, la Toscane, l'Italie et la Suisse. Elle est spécialiste de la France pour le *Telegraph*. Elle écrit aussi pour l'*Independent*, le *Guardian*, lonelyplanet.com, *Lonely Planet Magazine*, *French Magazine*, *Cool Camping France* et autres. Suivez ses périples sur Twitter et Instagram @tripalong.

Rome en quelques jours
6ᵉ édition
Traduit et adapté de l'ouvrage *Pocket Rome, 5th edition, January 2018*
© Lonely Planet Global Limited 2018
© Lonely Planet et Place des éditeurs 2018
Photographes © comme indiqué 2018
Dépôt légal Mars 2018
ISBN 978-2-81617-067-2
Imprimé par L.E.G.O. Spa (Legatoria Editoriale Giovanni Olivotto), Italie

Bien que les auteurs et Lonely Planet aient préparé ce guide avec tout le soin nécessaire, nous ne pouvons garantir l'exhaustivité ni l'exactitude du contenu. Lonely Planet ne pourra être tenu responsable des dommages que pourraient subir les personnes utilisant cet ouvrage.

En Voyage Éditions | un département

Tous droits de traduction ou d'adaptation, même partiels, réservés pour tous pays. Aucune partie de ce livre ne peut être copiée, enregistrée dans un système de recherches documentaires ou de base de données, transmise sous quelque forme que ce soit, par des moyens audiovisuels, électroniques ou mécaniques, achetée, louée ou prêtée sans l'autorisation écrite de l'éditeur, à l'exception de brefs extraits utilisés dans le cadre d'une étude.
Lonely Planet et le logo de Lonely Planet sont des marques déposées de Lonely Planet Global Limited.
Lonely Planet n'a cédé aucun droit d'utilisation commerciale de son nom ou de son logo à quiconque, ni hôtel ni restaurant ni boutique ni agence de voyages. En cas d'utilisation frauduleuse, merci de nous en informer : www.lonelyplanet.fr